35歳のチェックリスト

齋藤孝

光文社新書

はじめに

大ヒットドラマ『半沢直樹』の原作を書いた小説家、池井戸潤さんは32歳で大手銀行を退職し、35歳の時に書いた小説『果つる底なき』で江戸川乱歩賞を受賞しています。

ポール・オースターは、オースター名義での処女作『孤独の発明』を35歳のころに発表、スティーヴン・キングもまた、自身のライフワーク的長編小説『ダーク・タワー』シリーズに着手したのが35歳という年齢です。

ホリエモンこと堀江貴文さんは、ＩＴ企業のトップから一転、33歳の時に逮捕。その後実刑判決を受け、塀の中の人となります。その裁判の渦中に35歳を迎えています。

建築家の安藤忠雄さんは、10代の頃からプロボクサーを目指し、建築家へ転身。そのキャリアのスタートとなる代表作「住吉の長屋」を35歳で手がけています。

ビートたけしさんは、80年代のマンザイブームで、毒を吐く漫才で人気のお笑い芸人としてお茶の間で大人気に。35歳頃からはコメンテーターや司会などの、いわゆる「文化人」的活動が増えていった時期です。

35歳で大ヒット作を作った。35歳で人生の大きな転機を迎えた。35歳でデビューした。35歳でこれまでの自分を変えるきっかけを作った——。

35歳とは、第二の人生のスタート地点とも言うべき不思議な年齢です。

私は、

「35歳に祝祭を」

「35歳を第二の成人式と考えて、『心の棚卸し』をする節目の年齢にしよう」

と考えています。そして、これがこの本のテーマです。

35歳——この年齢を、皆さんきちんとお祝いしていますか？　あるいは、お祝いする予定はありますか？

なんとなく「また一つ歳《とし》を取った」くらいに思っていませんか。

子どもっぽい大人が増えていると言われる今の時代であればこそ、35歳は、人生の転換期とも言うべき年齢なのです。

社会に出て十数年、喜ぶべきこともあれば、つらくしんどいことも多々あったはずです。それらをなんとか乗り越えて今日までやってきた。35歳という年齢を、もっと人生の大切な節目、ターニングポイントと見なし、大いに祝いましょう。

そうすることで、あらためてこれからの人生をいかに生きるかを考え直すことができるのです。

子ども時代には、健康に成長できたことを祝う七五三や十三参りなどの歳祝いがあります。還暦を過ぎると、健康に長生きできていることを祝う賀寿があります。しかし20歳から60歳までは、健康であること、元気に働くことができることを祝うような、定期的な祝祭儀礼がないまま過ぎていきます。

その代わりと言ってはなんですが、結婚したり、子どもが生まれたりするタイミングで周囲から祝ってもらいます。しかし、今は晩婚化・非婚化も進んでおり、結婚・

出産をしない人もたくさんいます。また、世の中全体にアンチエイジング志向が強くなっていて、歳を重ねることが喜ばしいことだとは考えなくなっています。

人生の節目、節目を祝祭にするということは、来し方を振り返り、明日からの生き方を見つめ直す最大のチャンスです。そして35歳というのは、これまでの自分から脱皮して変わっていくことができる年齢——「人生の棚卸し」に最適な年齢なのです。

棚卸しとは何か。辞書で引くと、こうあります。

【棚卸し・店卸し】
①決算や整理のため在庫の商品・原材料・製品などの種類・数量・品質を調査し、その価額を決定すること。近世には、正月上旬に吉日を選んで行なった。
②他人の欠点などを一々指摘すること。

（広辞苑〈第六版〉より）

私が言いたいのはもちろん前者の意味です。在庫品のチェックをして自社の保有する現在の資産価値を確かめるように、自分自身のバリューを見つめ直そうということ。

本書で私は、「35歳を迎えたら、一度自分という人間の資産価値を再確認する、心の棚卸し作業をしてみませんか」という提案をしていきたいと思います。

いわゆるアラサー世代は、人生における大きな決断にぶつかることが多い時期です。「自分の人生、これでいいのか」と思い惑うときにこそ、心の棚卸しが必要です。

そもそもこのヒントは、福沢諭吉の『学問のすすめ』から得ました。

以前、現代語訳をしたことがあるのですが、そのときに熟読玩味していて、諭吉先生が「心の棚卸し」という表現を用いていることを再発見したのです。

第十四編「心事の棚卸し」のくだりです。わかりやすく現代語訳で紹介してみましょう。


事業の成否・損得について、ときどき自分の心の中でプラスマイナスの差し引き計算をしてみることである。商売でいえば、棚卸しの決算のようなものだ。

（中略）

商売の状態を明らかにして、今後の見通しを立てるものは、帳簿の決算だ。自分自身の有様を明らかにして、今後の方針を立てるものは、知性と徳と仕事の棚卸しなのだ。

（拙訳『現代語訳 学問のすすめ』ちくま新書より）

商売においては、「棚卸しの総勘定（棚卸しの決算）」をすることで、「差し引きの勘定（収支バランス）」を確認し、今後の商売のやり方を考えていく。同じように、人生においても心の棚卸しをすべきである、その心の棚卸しとは、「智徳事業の棚卸し（知性と徳と仕事の棚卸し）」なのだと言っているのです。

これぞ大人でなければできないことです。

「三十にして立つ。四十にして惑わず」、30歳で独り立ちできるようになり、40歳で物事の決断に迷わなくなった、と孔子は言いました。つまり、あの孔子でさえ30代は迷う時期を過ごしていたのです。

孔子の人生は実際には50代、60代になってからもなお波乱含みでしたから、「四十にして惑わず」というのは、もう自分の進む方向に迷いがなくなった、生き方に肚《はら》が据わった、という意味だと解釈すべきでしょう。

「四十にして惑わず」になるためには、肚決めすることが大事です。それには、30代で何をしておくか、何を考えておくかが肝心となってきます。

この本では、30代で考えておきたいこと、心の棚卸しをしておきたい諸問題について、具体的な「問い」を投げかけていきます。

今の組織の中でもっと上を目指すのか、それとも独立や起業を考えるのかといった仕事やキャリアにまつわること。

結婚したほうがいいのか、しなくてもいいのか。子どもを持つことをどう考えるか。お金とどう付き合っていくか。家族や人生の考え方に関すること。

そろそろ体力の衰えを感じはじめる中で、どうすれば効率よくいきいきとした自分でいられるかといった、心身両面からの自分の整え方。

チェック項目は多岐にわたります。けれども、身近な問題なので、深く根を詰めて考える必要はありません。一つひとつ、自分はどうしたいのか、どうありたいのか、気楽に考えてみてください。

35歳の「今」の意識を変えることで、悔いのない人生を送ることができます。心の棚卸しをして、生まれ変わった気分でこれからの人生を歩んでください。人生は長い。35歳からどう生きるかが本当の勝負です。

目次

はじめに 3

第1章 人は35歳で大人になる 15

1 35歳で何が変わるのか?
2 35歳は「大人」になる最後のチャンス
3 「35歳から」をデザインしよう
コラム あのひとの35歳をチェックする 池井戸潤/堀江貴文/タモリ

第2章 不安を自信に変える作法―――61

1 人生の収穫期への準備をしよう
2 今の会社で「攻め」の姿勢を貫こう
3 30代の仕事力チェック
4 35歳、「できる人」と言われるには
5 できる人ほどポリバレント
コラム あのひとの35歳をチェックする ビートたけし／安藤忠雄／奥山清行

第3章 人生の迷いを吹っ切る技術―――133

1 20代と30代で「幸せ」は激変する！
2 あなたが本当に「急ぐべき」リアルな理由

3　幸せを更新しよう
コラム　あのひとの35歳をチェックする　ヤマザキマリ／菊間千乃

第4章　35歳からの心技体の整え方——171

1　ビジネスマンにとって体力とは何か？
2　「疲れさせない」技術
3　ビジネスは「対人体力」で決まる
4　知的好奇心にブレーキをかけない
5　35歳で「真の花」を咲かせよう

おわりに——なぜ35歳なのか。　222

第1章

人は35歳で大人になる

□ 誰と過ごしているのがいちばん楽しい時間ですか？

最初の問いです。

この問いに、「昔からの友人」と答えてしまった人は、ちょっとまずい状態かもしれません。今なお「モラトリアム継続中」の人の典型だからです。

学生時代からの友人や、同じ趣味・嗜好を持つ仲間が気楽で付き合いやすいのはわかりますが、人間関係の中心を「友人」に置くのは思春期の特徴です。大人になると、自然に変わっていくものなのです。

モラトリアムとは、子どもから大人へと移行する橋渡し期、社会人としての義務や責任、人生における重要な決断をすることを猶予されている時期のことをいいます。

本来は、高校・大学といった学生時代を指していました。

社会人になったら、その執行猶予状態にピリオドを打ち、社会的にも精神的にも成人としての自覚を構築していくのが大人へのプロセスだと考えられてきました。しかし、今はそのモラトリアムがどんどん延長してしまう傾向にあります。年齢に見合ったものの考え方や行動ができない人が増えているのです。

20代どころか30代半ばになっても「まだ友だちと群れるのが好き」という状況は、モラトリアムをかなり「こじらせている」と言わざるを得ません。

友人とべったり過ごすのはただの現実逃避

同種同族の友人といることに安心しきっている状態には、現実逃避に陥りやすいという落とし穴があるのです。

たとえば、30歳を過ぎても結婚していない友人が周りにたくさんいれば、「みんな結婚してないから、私もまだいいか……」という気持ちになりがちです。

結婚する気がないのならともかく、結婚したいのにチャンスがつかめていない「オーバー30歳」の人は、もううかうかしていられません。30歳を過ぎて、結婚できる確率が高くなることはないのですから、この先、道はますます先細りしていきます。少しでも早く相手を見つけるべく、焦らずとも急がなくてはならない年齢です。

それなのに、同年代の似た境遇の仲間がいるだけで、「自分だけではないんだから」という安堵《あんど》感が生まれ、危機意識が鈍磨してしまいます。「赤信号、みんなで渡ればこわくない」というような心境になりやすいのです。

同じような仲間がいれば、現状に対する自己肯定もできます。不安や焦燥感も軽くなるでしょう。でも、本質的な問題は何も解決していません。危機感を鈍らせていてはいけないのです。

私はよく、ゆでガエルの話をします。カエルをいきなり熱い湯に入れようとするとすぐに飛び出しますが、水の状態から少しずつ温度を上げていくと、その温度変化に気づかないままゆで上がってしまいます。

気のおけない友人や仲間の存在は、あなたを温度変化に鈍感なカエルにしがちです。いつまでも仲良しグループ最優先の意識でいることは、本当に目を向けるべき現実からの逃避行動なのだということを認識しておく。これだけで、ずいぶんと意識を変えることができます。

35歳で友だちの「型」が変わる

中学生のころ、試験前に友だちとこんな会話をしたことはありませんか？

「試験勉強やってる？」

「全然やってない」

「ほんと？　俺も」

「まあ、なんとかなるでしょ」

「そうだよな……」

「うちでマンガ読んでく？」

「うん、じゃちょっとだけ」

モラトリアムから脱け出ていない人の友だち付き合いは、子ども時代のこんな状況と一緒かもしれません。試験という現実から逃げている者同士で慰め合って、つかのまの安心を得たところで、本質的な不安の解決にはならなかったことを思い出してみてほしいのです。本当は、「一緒に勉強しようか」という友だちにならなければいけなかったわけです。

同じようなことが、35歳の今あるとしたら、棚卸しが必要になってきます。

別に友だちとの関係をバッサリ断ち切れと言うつもりはありません。

一緒にいると力づけられるとか、刺激を受け合うとか、リフレッシュできるとか、人生には友だち付き合いが与えてくれるものも、とても大事です。

しかし、普通は、30歳を過ぎると友だちとの関係があまり重きをなさなくなってきます。仕事も忙しくなる、配偶者や子どもなど家族と過ごす時間が大事になるというように、もっと優先させなくてはいけないことが増えるからです。

自分の人生を見据えるようになることで、友だちとの関係にも次第に距離ができてくるのが自然な変化というもの。

35歳は、自分の生活において大事な存在との関係を、新しく築いていく年齢だと私は思います。距離を置くようになったからといって、これまでの関係性が壊れるわけではないのが、本当の友情です。

友だちとの楽しい時間が、ストレス発散のために不可欠なものだというならば、そこで培われている関係性が、5年後の自分にワクワクした喜びを与えてくれるかを考えてみましょう。ここで考えるべきは、「ストレス発散」ではなく「ワクワクできるか」ということです。

やるべきことに対して、自分の行動に拍車をかける働きをもたらしてくれる友人関係は、よいつながり、よい刺激です。自分を非行動的なほうに向かわせる友人関係は、あまりよい効果を与えてくれません。これが一つのヒントです。

大人になってから友だちをつくるなら、歳の離れた人、自分とは異なるジャンルで活動する人、発想や環境がまるっきり違う人など、普段なかなか接点のなさそうな人がいいでしょう。異質な価値観に触れることで、30代を過ぎて固着してしまいがちな感覚を広げてもらうことができるからです。

では、次の問いにいきましょう。

□ 今、いちばん信頼している人は誰ですか？

これにも「友だち」と答える人もいるでしょうが、最近の20～30代の人を見ていると「親」と答える人が大変多いのではないでしょうか。

私は今50代ですが、われわれの世代は、いかに親の管轄下から飛び出すか、というのが思春期の大きなテーマでした。たとえ親から仕送りをしてもらっている「すねかじり」の身であっても、親元を出て一人暮らしを始めることは、自分が一歩大人に近づけたような喜びを感じたものです。

ところが、今の20～30代は、親元から早く離れたいという気持ちがあまりないように見受けられます。

これは一つには経済的な状況も影響しています。

今の20～30代は、物心ついたときにはバブルが崩壊しており、就職するときはいわゆる氷河期でした。企業の終身雇用制度はどんどん崩れ、非正規雇用が増え、経済の低迷が長引き、所得も冷え込みつづけた時代を過ごしてきています。それがもう当たり前になっている世代なのです。

たとえば、30代前半の男性の平均年収を取り上げてみても、バブル崩壊前の1997年には平均513万だったのに対し、2012年には431万に落ち込んでいます(国税庁「民間給与実態統計調査」参照)。データによっては、100万以上減っているという調査結果もあるほどです。

一人暮らしにはお金がかかります。経済状況が厳しくなったことで、親元で生活しつづけるという人が増えたわけです。

私の勤務する明治大学でも、地方から上京して一人暮らしをする学生よりも、親と同居して自宅通学する学生のほうが多くなりました。

そして、「尊敬する人は?」の質問に、「親」と答える学生が多くなったのも、自活組より自宅組が増えるようになってからのことなのです。

でしょう。

「与えられる関係」から「信頼関係」へ

親の庇護《ひご》下から抜け出したがらなくなったのは、もちろん経済的要因だけではない

かつては東京の大学に入ろうとする人は、何かを吸収し、何者かになりたくて、勇躍上京したわけです。私などもその一人でした。けれども経済の縮こまった状況の中で思春期を過ごしてきた世代には、そういう渇望のようなものはあまりないように思えます。いわゆる「安定志向」なのです。

大学生になっても、さらには社会人になっても、親に守られ、生活の基盤を支えてもらう生活を送るのはたしかに気楽です。快適です。その環境から飛び出して、苦労して自分で生活していこうという気は起きにくくなります。

一人暮らしをしなければ、社会的な付き合いも責任も生じません。

また、正社員ではなくフリーターとして働いているだけでは、組織の中での人間関係も深まっていきにくいでしょう。

そうなると、親以外のさまざまな大人たちとコミットする機会が少なくなるのです。

そこで、自分にとって不利益になるようなことはしない親という存在が、最大の味方にして最後の砦《とりで》になってしまう。「いちばん信頼できる相手は？」という質問に「親」という答えが出てしまうのも、不思議ではありません。

さて、あなたはどうですか？

「いちばん信頼している人は誰ですか？」という問いの真の意図は、「あなたは成人してからも親に依存していませんか？」というところにあります。

大人へと脱皮した30代は、「最も信頼できるのは、やっぱりパートナーだ」とか、「今の上司はこれまででいちばん信頼できる」などと答えます。

自分を庇護してくれる存在、一方的に与えてもらう関係性ではなく、お互いのコミュニケーションと絆が結ぶものを「信頼」と呼ぶのが大人なのです。

2　35歳は「大人」になる最後のチャンス

自分の中の「賞味期限切れ」ポイントを知ろう

小学生のころ、人気がある男子といえば足の速い子でした。中学生になると、運動部の背が高い男子とか、ちょっと不良っぽい男子に人気が出てきます。高校生になると、シュッとしたルックスの男子がモテます。しかしそういう要素が「モテ」に大きく関係するのはせいぜい高校生くらいまで。大人になって、いい相手とめぐり合い、幸せな結婚ができるかどうかということとは、さして関係ありません。

大人になってから「俺、中学のときバスケ部で、すごくモテた」と言ったところで、「へえ、今の姿から想像すると意外だね」で話は終わりです。

「勉強ができた」とか「●●高校出身」「〇〇大学出身」というのもそれと同じです。

□自分の出身大学を話題にすることはありますか？

棚卸ししておかなくてはまずいものの一つに、「学歴」に対するプライドやコンプレックスがあります。

新卒で就職活動をする際には、出身大学がけっこうものを言いました。しかし30代で転職をする場合、もはや出身大学が評価に影響することはほとんどありません。それよりも大事なのは、社会に出てから今まで何をしてきたか、です。どんな仕事をしてきたのか、どんなスキルを磨いてきたのか、どんな結果を出してきたのか。いわば実社会で積み上げてきた実績です。

30代ともなると、どこの学校を卒業したかなどということは、もはや「賞味期限切れ」ファクターなのです。かつては自分の価値を高めてくれる要素だったにしても、すでに過去の遺物。今の自分の価値を考えるうえでは用をなさないことを認識していないと、いい形で次のステップに進むことができません。

30代になってもまだ学歴を誇示するような人は、扱いにくいのでむしろ敬遠されます。誇示しないまでも、なんとなく自分から出身大学の話をしたがったりするのも、どこか自分の価値を「学歴」に置いている人の特徴です。

逆に、いつまでも学歴コンプレックスを抱いて卑屈になっているのもばかばかしい。価値観の棚卸しをしておくことが必要になってきます。

今現在の自分だけを見よう

学歴は、たしかに自分が頑張ってきた一つの証拠ではありますが、もう過去の話。30代になったら過去の自分ではなく、今の自分で勝負していけるようになりたい。学歴へのこだわりがあるかどうかをチェックするのは、そんな自分を見つめ直すいい材料です。

前職が一流企業であったことに変なプライドを持っていて、「前の会社にいたときには、こんなやり方はしなかった」といったことを言いたがる人もいますが、どんな一流企業も、あなたが今いないのであれば、もはやブランド価値はないのだと考えるべきです。

今現在やるべきことにベストを尽くせていない人ほど、過去の栄光を引き合いに出したがりますが、みっともないので、潔く棚卸ししてしまいましょう。それは自分の心の「思い出ボックス」にしまっておけばいいことで、現実を動かす要素にはなり得ないのです。

コンプレックスというと、私たちは劣等感を想起しますが、優越感やプライドというのも、過剰な自意識の表出という意味でコンプレックス（心的複合体）の一つなのです。

あなたは、すでに商品価値のない「過去の勲章」を、いまだに自分の価値観の上位に置いていませんか？

今の自分には意味のないことに、コンプレックスを抱いてくよくよしていませんか？

賞味期限切れの要素はきれいさっぱり整理して、今現在の自分の価値をいい形で出していく。そのための見直し作業が、35歳の「棚卸し」の大きな役割になります。

自分の中で時間を止めてしまうことは、とてももったいないことです。

コンプレックスにそろそろ折り合いをつけよう

コンプレックスがまったくないという人はいないでしょう。誰もが何かしら抱えているものですが、大人になるにつれて自分のなかで「折り合い」をつけていくものです。

フロイトは、大人になるということは「快感原則」中心の生き方から、「現実原則」に則《のっと》った生き方へと移行していくことだ、といいました。

人間は生まれつき、快を求め、不快を避けようとする快感原則を本能的欲求として持っています。けれども、現実社会で生存していくためには、現実に順応する姿勢を身につけていく必要があります。

現実と向き合い、自分にとっては不快に感じられることにも順応していこうと努力することによって、人は成長し、より大きな快感を得られるようになるのです。

劣等感コンプレックスも、かつての失敗も、心の傷やトラウマになっていることも、一回総ざらいして、こだわりを清算しましょう。
そこで、次の問いを考えてみましょう。

□ 心の傷、昔の失敗を今も引きずっていませんか？

10代、20代のころは、たとえば容姿に関するコンプレックスがあると、それが自分の人生を左右する重大事のように思えます。けれども歳と共に、そんなことが人生を暗転させる原因にはならないと理解して、気にならなくなっていくものです。あるいは逆に、そこを自分の個性としてアピールするワザを覚える人もいるでしょう。

容姿のコンプレックスと結婚とをからめて言えば、容姿端麗な人が必ず幸せな家庭を築けるということもなく、器量がよくないから結婚できないということもありません。

30歳過ぎたら学歴にもはや大した価値がないように、第一志望の大学に行けなかったことも、就職したかった企業や業界に入れなかったことも、大好きだった相手にフラれたことも、「今の自分」を不利にする問題ではありません。

それはそれとして、みな済んだこと。その経験で苦い思い、つらい思いをしたことが、今の自分の糧《かて》になっているはずだと肯定的に考えて、もうこれ以上引きずらないと心にケリをつけてください。

「地雷を踏むな」という言い方がありますね。いつまでもへんなコンプレックスに執着していて、「これはあの人の地雷だから、気をつけて」と周囲でささやかれているようではちょっと悲しい。「昔、こんなことがあってさ……」と自分から話のネタにして、アハハと笑い飛ばせるくらいの人のほうが、大人の余裕が感じられて好感も持てます。

環境に対する愚痴や責任転嫁も、歪《ゆが》んだコンプレックスです。たとえば、「親が早くに離婚していて、幸せな家庭を知らない。親に愛されてこなかったので、自分は人を愛せない」というようなことを言う人がいます。

しかし、同じ境遇であっても、きちんと幸せな家庭が築けて、きちんと人を愛せる人もたくさんいます。30代半ばにもなって、そのことにしこりを持ちつづけ、心の棚卸しのできていないことのほうが不幸な問題なのかもしれません。

35歳は、もう現実を生きなければいけない年齢です。清算すべきことにはスパッと心のケリをつけ、今の自分で勝負していきましょう。

□ ツイッターやフェイスブックを頻繁にチェックしていますか？

最近は、みんな存在感ということを気にしすぎです。やたらと自意識が肥大化してしまっている人が多くなっています。

ツイッター、フェイスブック、ライン……ネット上でつながりを持つさまざまなツールがあります。使い方によっては非常に便利ですが、友だちの反応が気になってしょうがない思春期の子どもたちにとっては、それが強迫観念になってしまうほど拘束力を持つようになり、大きなストレスになっているという話をよく聞きます。

あるいは、基本的なルールやマナーを知らないまま、注目されたいという短絡的な発想の大学生が、バイト先で変なことをして不用意な発信をし、トラブルを起こしてしまうケースも起きています。

さすがに30代となると、そのあたりの公私の区別、ものの分別がつくので失敗は少ないでしょうが、「つながっていないと不安だ」とか、「自分の存在感を示すために発信せずにはいられない」という感覚から抜け出せない人はかなりいると思います。

ネット社会も一つのコミュニケーション空間ではありますが、現実の生活以上に優先度が高くなるべきものではないはずです。

35歳の態度としては、あくまでも現実の充実度を優先させ、それに支障を来さない程度でつながりを持つというのが頃合いではないでしょうか。そのくらいの余裕ある態度が望ましいと思います。

自意識は上手に飼い慣らそう

ツイッターやフェイスブックを活発にやっている人は、基本的に2種類に分けられます。

有効なビジネスツールとして捉えていて、高い頻度でどんどん発言、発信することを自分の仕事の一部として、積極的に活用している人。こういう人たちは、起こりうるメリット、デメリット双方をよくわかっており、発信内容についても慎重に考えていますから、軽率なミスを起こすことは比較的少ないのです。

一方、今までにないコミュニケーションや自己アピールが可能になるところに魅力を感じて、注目されたり、認められたりすることの快感ありきで、面白がってやっている人たちがいます。

たしかに、注目されてチャンスをつかむこともあります。私の知り合いにも、ツイッターでの発言の切れ味のよさが評価されてコメンテーターの仕事を得た人がいます。そういうケースもときにはあるかもしれませんが、リスクだってたくさんあります。

個人の立場で自由に気楽な発言ができてしまうというのは、私生活を全部さらけ出しているようなものです。そのことで生じるリスクの可能性をわきまえていないと、思わぬところで足をすくわれます。怖い目に遭うこともあれば、人に多大な迷惑をかけてしまうこともあります。

そもそも私たちは、一人だけで生きているわけではなく、社会のさまざまな人や組織とつながっています。仕事に関することなどは特に、何でもかんでも情報をばらまいていいものではないことはネット時代の常識です。暗黙のうちにも思慮分別が求められているのです。そのことをしっかり踏まえておきましょう。

自意識のセーブができている人は失敗が少ないですが、自分の自意識を上手に飼い慣らす自信のない人は、ネット上のつながりではひときわ注意が必要だと思います。

「青春」は、そろそろ終わりでいいでしょ?

心の棚卸しの目的は、「判断保留状態のまま、ずるずると先延ばしにしてきている問題にそろそろ本気で取り組みましょう。そのために、ここまでの人生で澱《おり》のように心に溜め込んできているものを整理しましょう」というところにあります。

モラトリアム（執行猶予）はもうおしまい。いつかやろうではなく、今、考える。青春はこれ以上引き延ばせないと覚悟を定めましょう。

いつまでも親の庇護に甘えて同居しつづける傾向もそうですが、今の社会はモラトリアムを引きずったままでも、生きていけてしまいます。就労しないで引きこもってネットの世界に沈潜していても、納税の義務を果たさなくても、選挙権を放棄して政治に無関心でいても、とりあえず生きてはいけるのです。

大人になりきれないこと、未熟であることが寛大に見過ごされてきて、特段悪いことだと思われないような風潮が、モラトリアムをいっそうこじらせてしまってきたといえます。

親と同居している「壮年未婚者（35～44歳）」層は、今や３００万人を超えているそうです。

いくら人生百年時代になりつつあるとはいえ、一人前の大人としての義務や責任を猶予されたまま40代を迎えるのは、さすがにいかがなものか。青春を引き延ばすにも限度があります。もうリミットなのです。本気でギア・チェンジをする絶好機だと考えましょう。

□ 自分はまだ若いと思ってますか？

たぶんこの問いに、たいていの30代は「いやいや、もう若くないですよ」と答えるでしょう。しかし同時に、「そうはいっても、歳のわりには若く見えるほうじゃないかな」と内心思っているところもありませんか。

今は全体的に、皆さん若々しくなっています。30代も、50代も、70代も、昔の同年輩の人のことを考えると、驚くほど若く見えます。実年齢より老けて見える人のほうが少ないと言っていいでしょう。

みんな若さを賞賛し、若さを求めています。

いくつになっても若々しく、エネルギッシュに生きていけることはとても素晴らしいことです。私もそうありたいと願っています。

けれども、若さに幻想を抱きすぎて、きちんと歳を取れなくなってしまってはいけないと思います。

「若いこと」と、「若く見えること」は別です。

みんなが「自分はまだ若い」と思い込んで、歳相応になることを棚上げしてしまったらやはりおかしなことになります。若さに焦がれる考え方から一回離れて、歳相応の落ち着き、貫禄、成熟ということを意識して、きちんと歳を重ねていくことが、今の時代、より重要になってきています。

円熟の良さがわかるようになる

若さには若さのよさがあります。同様に、歳を重ねたよさもあります。

ソチ・オリンピックで金メダルを獲った男子フィギュアスケートの羽生結弦選手は今19歳です。故障のためソチの個人戦を欠場したロシアのプルシェンコ選手は31歳です。羽生選手には若さと躍動感、勢いのある美しさがあり、プルシェンコ選手には経験と円熟の美があります。

競技のうえでは採点をして順位をつけなければいけませんが、それぞれの年齢とキャリアに似つかわしい表現力の発揮の仕方があって、どちらも素晴らしいわけです。

あるいは、世界から「レジェンド」と呼ばれているスキージャンプの葛西紀明選手のように、41歳になっても親と子ほど年の離れた選手たちと一緒に現役を続けているアスリートもいます。

実力勝負の世界において30代、40代で活躍しつづけるには、並大抵ではない頑張りが必要とされますが、別に若く見える必要はなくて、歳を積み重ねてきたなりの自分のスタイルというのがカッコいいのですね。

そう考えると、若さという幻想ばかりを追い求め、歳相応の成熟という視点を忘れがちな今の世の中の傾向は、現実原則から外れています。

若さは若さで素晴らしい。けれど、円熟もやっぱり素晴らしい。そういう視点をもっと持って、歳相応のステージを歩んでいこう、きちんと歳を取っていこう、そういう意識を持っていくことが望ましいのではないでしょうか。

3　「35歳から」をデザインしよう

□「自分らしく生きる」のがカッコいいと思っていませんか？

この「自分らしさ」についての問いを考える前に、福沢諭吉が『学問のすすめ』第十四編で書いている、心の棚卸しという考え方について、もう少し詳しく紹介しておきましょう。

事業の成否・損得について、ときどき自分の心の中でプラスマイナスの差し引き計算をしてみることである。商売でいえば、棚卸しの決算のようなものだ。（中略）人生という商売は、十歳前後の人間らしい心ができたときからはじめたものであるから、普段から知性や人格、事業の帳簿を精密につけて、損失が出ないように心がけていなければならない。

「過去十年間は、何を損して何を得たのか。いまは何の商売をやって、その繁盛のようすはどうか。いまは何を仕入れて、いつどこでこれを売りさばくのか。ここ数年、心の店の取り締まりは行き届いていて、遊び癖や怠け癖などという店員のために、損失を出したことはないか。来年も同じ商売を続けていて大丈夫か。ほかにさらに知性や人格を磨く工夫はないか」とあれこれの帳簿を点検して、棚卸しの決算をすることがあれば、過去現在の自身の状態について、きっと不都合なところも見つかるだろう。

（拙訳『現代語訳 学問のすすめ』ちくま新書）

この前の部分で諭吉は、人間は計画したことがなかなか成し遂げられないものだという話をしています。だから、棚卸しの要領で厳しく自己点検をし、あなた自身の心の店が赤字を出さないように注意しなさい、と自己管理を説いたのです。

この後に、冒頭で紹介した話、今後の人生設計をするには、「いままで自分は何事をなしたか、いまは何事をなしているか、今後は何事をなすべきか」を考えて「知性と徳と仕事の棚卸し」をしなければならない、という言葉を続けています。

プラスマイナスの差し引きで考える

人に対しても物事に対しても、ある一方からパッと見ただけで「こういう人は好きではない」とか「こんな仕事は面白くない」と断じてしまうものの見方は短絡的です。いうなれば快感原則のもとに、「快か不快か」「好きか嫌いか」「面白いか面白くないか」といった、そのときどきの感情だけで捉えている。ゆえに幼い感じがします。

大人の判断とはそうではなく、あらゆる角度から分析調査して、「この部分は減点要因だけど、ここここの部分は評価できるから、プラスマイナスの差し引きで考えたら悪くない」という見方ができるようになることです。

10代、20代の若いころは、どうしても前者になりがちですが、35歳くらいになると、後者のような多面的で冷静なものの見方ができるようになります。そうすると、同じものを見ても、受容性が広がります。「こういういいところがあるじゃないか」と思える。ですから判断に「深み」が出てくるのです。

35歳というのは、公私にわたって、そして肉体的にも精神的にも、いろいろ変化が生じてくる時期です。これからどう生きていったらいいのか、一度人生の見直しをしてみるのに格好のタイミングだと改めて思えてきます。

33歳まで無職だった私の記憶

私自身の話をしますと、やはり30代前半の時期に転機がありました。

私が明治大学の教員として就職できたのは、33歳のときです。すでに結婚して子どもが二人いましたが、それまで定職がありませんでした。非常勤の講師や種々のアルバイトで糊口《ここう》をしのいでいたのです。夏休みで授業がなくても同額の給料がもらえたときは、「定職があるというのは、なんとありがたいものなんだろう」としみじみ思ったものでした。

10代の終わりから30代初めにかけて、私は迷走していました。

大学進学を前に、世の中で最も価値のある仕事は何だろうかと考えた私は、「それは法のもとに人を公正に裁くことのできる裁判官だ」という結論に達し、浪人を経て、東大文一に入学し、法学部に進学しました。

ところが法律の勉強というのは、とにかく手堅く、地味です。自由な思考を好む私の気質とはどうにも相容れない世界でした。大学受験の勉強以上に面白くないわけです。そこで初めて、自分が将来の夢として掲げた目標は自分の気質に合っていなかったと気づきます。これからもずっとこういう自己抑制的な資質が求められていくのが裁判官の仕事であるならば、自分にはこの生活は耐えられないだろう——そう考えるようになったのは大学生活も終わるころでした。もっと早く気づけよ、という感じですね。

ではどうするか。もっと自由にものを考え、自分の持っているいささか過剰なエネルギーを注げる仕事として何がいいのか。そこで選んだのが教育の道です。大学院は教育学に進むことにしました。

それからも紆余《うよ》曲折《きよくせつ》が続きます。自分が打ち出したいのは人を驚かせるような思想だ、つまらない論文は書けないと勝手に思い込んでしまい、院生なのにまったく論文を書かなかった時期もあります。

何でもストレートに発言することこそ誠実で正しい態度だと信じていたため、周囲に遠慮のない言葉を吐いては自分の立場を悪くしていたことも一方ならずありました。こんなありさまでしたから、指導の先生に覚えがめでたいはずがありません。とりたててもらって道が開けるというような機会はまったく巡ってこないわけです。

人生の先行きがまったく見えませんでした。

現実に即したギア・チェンジを

そうこうするうちに、気づけば30歳になっていました。大学時代の友人たちはみな着実に昇進し、部下を持ち、大きな仕事を任され、それなりの給料をもらって自信に満ちた態度で人生を歩んでいるのに、自分はいまだに何もなせておらず、定職すらない身――。

しかし、子どもができ、この子たちを育てていかなくてはいけないのだという現実を前に、さすがに私も目を醒ますことができました。「思想家として立つ」とかなんとか言う前に、とにかく定職に就かなくちゃまずいだろう、と考えるようになり、30

歳を過ぎてから大学教員の公募を探しまわって、運よく明治大学に採用してもらえたのです。

自分の道を早い段階で的確に見定め、いち早く目標にたどりつく人もいれば、私のように迷走する人もいるでしょう。なにも最速最短でわが道を見つけられることが偉いわけではないですし、それが人生における成功ともいえません。途中で立ち止まったり迷ったりしてもいいと思うんですよ。

私自身も、あの時代が決して無駄だったとは思っていません。

ただ、勘違いしたまま幻想を抱え込んでいては駄目で、どこかで自分をきっちり見据え、現実に即して軌道修正したり、ギア・チェンジしたりしていく必要があります。そこでぐっと舵《かじ》を切れれば、いくらでも挽回できます。

□　あなたは今、誰のために働いていますか？

30代というのは、もう夢見る時期、幻想に生きていていい時期ではありません。今と将来像とをつないでいかなければならない。将来というのは、今行動していることの延長線上にしかありません。

私の場合、ギアを切り替えていく原動力になったのは、「家族を養わなきゃ」「この無力な子どもたちを育てていくのが、自分の果たすべき第一の役割だ」という責任感、現実原則でした。

人間は、自分自身の夢や、やりたいことを実現するといった「自分のため」に生きているときよりも、「誰かのために」ということを考えているときのほうが、本質的な生き方ができる。これは私が体験的に得たことです。

自分にとっての「いちばんのストレス」を知ろう

仕事をする上で、ストレスは否《いや》が応でも溜まってきます。いろんなストレス解消法を持っているはずです。

しかし、ストレスの「発生源」について考えたことはありますか?

この問いは、自分にとって、本当に大きなストレスになるのはどんなことなのかを改めて考えてみるところにポイントがあります。

それを考え抜いておくと、結果的に「自分にとっての本当の利益とは何か」が見えてきます。

私の知り合いに、車の修理会社に勤めていた人がいます。給料はけっこうよかったらしいのですが、なにしろ激務で、休みがまったくとれず、家族と一緒に過ごす時間も持てなかった。

そこで、思いきって会社を辞め、家で自転車屋さんを始めたのです。それこそ30代半ばくらいのころでした。収入は減ったけれども、家族と過ごす時間は増えました。職場は自宅なので、いつも家族と一緒にいられる。今のほうがはるかに幸せを感じているといいます。収入云々の問題ではなく、あのときこの選択をしてよかったと思っているそうです。この人にとっては、家族と共に過ごす時間を持てないことが、何よりのストレス発生源だったのです。

いくつもの仕事を同時に抱えて大変忙しそうな人がいますが、当の本人は、自分が信頼されて仕事を頼まれることによろこびを感じ、断るのがもったいないと考えている人もいます。依頼が減ってヒマになったら、ものすごくストレスにさらされて、かえって病気になってしまうかもしれないと言って、どんどん仕事を詰め込んでいます。この人にとっては、忙しいことがストレスではなく、むしろオファーがなくなることが大きなストレス材料になるのです。

「離婚はストレスが大きい」とよく言いますが、夫婦関係は冷え込んでいるけれども「子どものため」という理由で今別れないのと、思いきって離婚してしまってシングルマザー、シングルファーザーとして頑張っていくのと、どちらがストレスが少ないのか――これも、その人の考え方、生き方で違ってきます。

長いスパンで見たときに、考えられるメリット・デメリットを挙げてみて、自分が本当に耐えがたいと思うストレスは何なのかを見きわめてみる作業をしてみてください。

他人から見ると、「あんなに大変そうなのに」とか「どうしてあそこまでできるのかわからない」といったことはよくあります。どんなに過酷に思えることでも、その人にとっては、ストレスを超えるだけの利益、幸福が得られるケースもあるのです。

どんな仕事にも必ず価値がある

今、18歳のときの私のような若者にアドバイスの言葉を投げかけるとするならば、「世の中には、価値のある仕事、価値のない仕事という区別はないよ。どんな仕事にもみんな価値がある。そして、どんな職業に就いても、『こんなことまでなぜやらなきゃいけないんだ？』ということがある。仕事とはそういうものだ」と伝えたいですね。

どこに行っても、「こんなことをやるために、この会社に入ったんじゃない」と言いたくなるような仕事はあります。必ず誰かがやらなくてはならないことがあって、それをきちんとできるかどうかが、社会人であるということなのです。

そこを呑み込んでいく受容性を持たないと、社会は回っていかないのです。

35歳のあなたであれば、きっとそのあたりは経験的にわかっているのではないでしょうか。

□　最近、何かをあきらめましたか？

20代はまだ自意識がうごめいていて、自分の「我」を通したくなります。「自分はこんな仕事がしたかったんじゃない」「もっと別の業種・業界のほうがよかったんじゃないか」というように、「ここではないどこか」に自意識を満足させてくれる場所があるような気持ちを抱きがちです。

しかし、それは幻想であって、「自分が今いる場所で、今やれることをやる」ことでしか、突き抜けることはできないとわかってくるのが、35歳くらいからだと思います。

身も蓋もないと思うかもしれませんが、いい意味での「あきらめ」がついてくるのです。

「あきらめる」というと、ギブアップする「諦め」のイメージが強いですが、仏教用語から来る「明らめる」の意味もあります。

「明らかに見きわめる」ことです。

たとえば、私たちは思い通りにならないことがあると、くよくよしたり、不満を言ったりしますよね。そこには、なんとかして自分の思い通りにできないか、という思考があります。思い通りにしたいと考えるから苦しむのです。

思い通りにならないことは、思い通りにならないものなのだと「明らめる」。意に沿わないことも「明らかに見きわめる」姿勢で受け入れようとする。

そうすると、それはもう「思い通りにならないこと」ではなくなるのです。

明らかに見きわめられるようになると、自然な事の流れに逆らうような無理をしなくなります。迷わなくなるので、判断が速くなります。今までよりも楽に、たくさんの物事をこなしていくことができるようになります。

35歳はそういう分別のつく年齢、本格的な心の棚卸しをすることで、楽になりはじめることができる年齢なのです。

コラム　あのひとの35歳をチェックする――①

35歳で江戸川乱歩賞受賞

池井戸　潤（小説家）

プロフィール／1963年岐阜県生まれ。慶應義塾大学文学部及び法学部卒業。三菱銀行（当時）勤務を経て作家に。『下町ロケット』（小学館）で直木賞受賞。『七つの会議』（日本経済新聞出版社）、『オレたちバブル入行組』（文春文庫）など著書多数。

あの「半沢直樹」の生みの親、池井戸さんは、32歳まで大手銀行に勤務し、中小企業への融資を担当していた。取引先の会社の発展に貢献できるという喜びを感じ、仕事は面白かったという。

しかし、組織の論理を最優先する銀行の体質になじめないという思いで退職する。ただ、その時点では小説家を目指していたわけではなかった。

一人でビジネスをやろうと、自宅の一室を事務所にして顧客データサービスの会社を起ち上げた。だが、何の看板もない個人の非力さを痛感し、組織にいたときにいかに自分が守られていたかを感じたそうだ。

自分の強みは何か、池井戸さんは考える。学生時代から小説を書いていたので、書く技術には自信がある。銀行で培った融資の知識もある。そこで、中小企業の社長向けにお金の借り方のノウハウを書いて出版社に持ち込み、出版にこぎつけた。

著書ができたことで講演、コンサルタントなどの依頼や他の出版社からビジネス書の執筆依頼が来るようになった。

そのうちに、もっと自分の強みを出せないかと考えるようになり、企業の融資を絡めたミステリー小説を書こうと考える。

そして35歳のときに書いた『果つる底なき』で江戸川乱歩賞を受賞する。

その後も、壁にぶつかるたびに、自分の強みは何かと考え抜いて、突破口を見つけてきたそうだ。池井戸さんによれば、強みとは、自分だったらそこにどんな付加価値をつけられるか、だという。

35歳は裁判の真っ只中

堀江貴文（実業家）

プロフィール／1972年福岡県生まれ。ライブドアのCEOとして、一躍時代の寵児となる。その後、証券取引法違反の容疑で逮捕、収監。13年仮釈放。著書に『ゼロ』（ダイヤモンド社）、『刑務所なう。』（文藝春秋）など。


ホリエモンの愛称で呼ばれたこの人の30代は波瀾万丈だ。

23歳でIT企業を起業。インターネット業界に先鞭《せんべん》をつけたビジネスで、売り上げは倍々ゲームのように拡大。27歳のときに東証マザーズ上場。プロ野球の球団買収に名乗りを上げ、テレビ局も買収かと世間の耳目を集めた。まさに時代の寵児《ちょうじ》だった。

しかし、33歳のときに証券取引法違反の容疑で逮捕される。裁判の渦中に35歳を迎える。懲役2年6カ月の実刑判決を受け、塀の中の人となることになった。

モヒカン頭で東京拘置所に収監されたのが38歳。２０１３年、１年９カ月で仮釈放される。刑務所暮らしで贅肉《ぜいにく》はすっきりと削《そ》ぎ落とされていた。

「わが世の春」状態から一気にどん底を経験した今、40代になった今、何を思うのか。

近著『ゼロ』（ダイヤモンド社）にこうある。

出所したら何をしたいか。それはただ一つ「働きたい」ということだと。

会社、仲間、社会的信用、すべてをなくしても、「働いていれば、ひとりにならずにすむ。働いていれば、誰かとつながり、社会とつながることができる。そして働いていれば、自分が生きていることを実感し、人としての尊厳を取り戻すことができる」

過去を悔やむでも、誰かを恨むでもなく、働くことの意味が、働きたいという気持ちが彼を支えていた。

「僕はマイナスになったわけではなく、人生にマイナスなんて存在しないのだ。失敗しても、たとえすべてを失っても、再びゼロというスタートラインに戻るだけ」

彼は大きな、大きな、人生の棚卸しを経て、人生の再スタートラインにいる。

35歳のころは危険なタレントだった

タモリ（タレント）

プロフィール／1945年福岡県生まれ。早稲田大学第二文学部除籍後、ボウリング場の支配人などを経て再び上京。芸能界入りし、「森田一義アワー 笑っていいとも！」「タモリ倶楽部」などでマルチな才能を披露。

約32年間続いた昼のオビ番組『笑っていいとも！』が終了したこの3月末、メイン司会を務めてきたタモリさんにいろいろな意味で注目が集まった。月曜日から金曜日まで毎日、生放送の番組を32年間続けるということがいかに大変か。私はこの4月（2014年）から、早朝5時半スタートの朝の生番組に出演するようになったため、リアルにそのすごさを実感して舌を巻いている。

今35歳の人たちにとっては、テレビを見はじめたときからタモリさんはああいうスタイルの芸能人だったので想像がつかないだろうが、それまでは１８０度違う芸風だった。

タモリさんは最初、海賊のような黒いアイパッチをして、四カ国語麻雀やハナモゲラ語、イグアナの形態模写といった芸を売りにしていた。

人気が出てからも、夜の番組の人というイメージが強く、嫌いなタレントの上位にランキングされるような存在でもあった。今で言えば江頭２：50さんのような立ち位置だったのだ。

そのタモリさんが、主婦層、若い女性層の見る昼間の生番組に毎日出るというのは、非常に画期的なことだった。『笑っていいとも！』が始まったのはタモリさん37歳のときのことだ。

たとえ自分がどんなにやってみたいと思っても、場を与えられないことにはできないのが仕事。また、絶対に無理だと思うようなことでも、できるようになるのが仕事。人はオファーでつくられる。オファーで成長し、オファーで自分自身を発見するものなのだ。

第2章

不安を自信に変える作法

1　人生の収穫期への準備をしよう

□ 20年後の自分の働く姿をイメージできますか？

あなたが今35歳だとしたら、今から10年後は45歳。20年後は55歳です。
では、10年後、20年後、あなたは今の会社で働いていると思いますか。
今の会社にいるとしたら、どういう立場でどういう働き方をしているでしょうか。
今の会社にいないとしたら、何をしているでしょうか。

歴史上初めての社会状況になっている

自分の将来像が非常に見えにくい時代になりました。かつて日本の企業が看板としてきた終身雇用、年功序列、定期昇給という雇用のなかでは、20年後の働き方が予測でき、それに伴って人生設計が描けましたが、その仕組みが瓦解してしまった今、20

年後の自分がどのように働いているか、みんなが不安に思うようになっています。

一生同じ会社で働いていられる保証は、今やまったくありません。

出向、転籍、リストラなどが、いつわが身のこととなるかわからない社会状況です。

会社が守ってくれなくなったという面もありますが、社会の変化が激しくなったため、今いる会社そのものが10年後、20年後にも無事存続しているのかも予測がつかないのです。

いつの世も栄枯盛衰の波はあります。しかしこれまでの産業構造の変化というのは、短くても20年ほどの長いスパンでの変動でした。隆盛だった会社が急激に業績を悪化させるようなことは、よほどのことがない限りありませんでした。しかし、世の中の潮の流れが速い現在では、会社の最盛期は5年続かないといわれるほどです。

事業の内容が様変わりして、これまでやっていた仕事がなくなってしまうということもあります。

会社や事業の寿命が、個人の労働可能寿命よりも短い――。

せっかくスキルを身につけても、自分が働けるうちにその事業や会社がなくなってしまう――。こんなことは歴史上初めてのことだ、とドラッカーも言っています。

公務員でさえも安定した職業ではない

絶対安泰な職場を示す言葉として、「親方日の丸」という言い方がありました。政府の後ろ盾があるから、何があってもつぶれない組織。今は分割・民営化されているJR（旧日本国有鉄道）、NTT（旧日本電信電話公社）、日本たばこ産業（旧日本専売公社）、日本郵政（旧日本郵政公社）といったところは、手堅い職場の代表でした。

国の基幹事業である鉄鋼生産の新日鉄、航空運輸の日本航空、全国で広域に業務を行う都市銀行なども、高度経済成長期には絶対傾くはずはないと考えられていました。

人生に「安定と安心」を与えてくれる職場がけっこうたくさんあったわけです。しかし社会構造の変化、さまざまな再編の波のなかで「まさか」と思うことが起きたことは、皆さんもよくご存じのとおりです。紆余曲折を経て、今はどこもシビアな競争にさらされています。

安泰なのは公務員だけなのか。

たしかに、民間企業に比べれば公務員はまだ恵まれています。けれどその公務員にしても財政難により人員削減の方向にあり、仕事は大変になっているのに給与は減少する傾向が進んでいます。

私は大学で教職課程の学生を教えていることもあり、公立学校の教師の方にお話を伺う機会がありますが、教師に課される仕事はどんどん増え、激務に疲弊している人、うつ病になる人が非常に増えているそうです。

今や、公務員すら安定した職業とは言えなくなっているのです。

絶対に安泰な職場というものはないに等しいからこそ、自分で意識的に考えていかなくてはならないわけです。

仕事人生において、20代は種を蒔《ま》き芽が出る時期。

30代は、花を咲かせ、結実を迎える時期――言わば収穫期（ハーベスト）に入ります。先の見えない社会環境のなかで、自分はどこで、どのようなハーベストを迎えるか。それを方向づけていくために必要な要素は何なのか。

天を仰いで慈雨が来ないかとため息をつくような生き方をするのではなく、自分の手で自分の人生の実りを豊かにすることを考えましょう。
その視点から、この章では、仕事やキャリアについての考え方を整理していきます。

2　今の会社で「攻め」の姿勢を貫こう

35歳は転職のリミットか？

「こんな会社やめてやる！」とまでは思わないにせよ、これまで一度も転職を考えたことがないという人は、あまりいないと思います。35歳の今、あなたは次の質問にどうお答えになるでしょうか。

□　今、転職を考えていますか？

本気で行動を起こしたかどうかはともかく、仕事で挫折を味わったとき、自分の持っている力が今の職場では活かされないと感じたとき、職場の人間関係に悩んだとき、給料や待遇に不満を感じたとき……そのときどきの思いに釣られて、転職という考えが頭をよぎります。

その結果、転職してみた人も、思いとどまった人もいるでしょう。20代のうちは、するもしないも「とりあえず」というスタンスで決められます。

「とりあえず飛び込んでみよう、駄目だったらそのときはまたそのときだ」

「とりあえず今回はやめておこう。もう少しよく考えたほうがいい」

これが35歳となると、軽い気持ちで決められなくなります。

ことは自分だけの問題でなく、家族の生活と将来を背負うケースが多くなる。家のローンなどを抱えている場合はなおさらシビアです。

一方で、35歳は転職のリミットだという声も聞こえてきます。先々を見据えて転身を図るなら、40歳過ぎてからでは遅い。30代の今のうちに決断すべきではないかという考え方もあります。

一生の仕事として覚悟を据える必要があるからこそ、軽々しく踏み出せなくなってしまうことも多いわけです。

仕事に求めるものを書き出してみる

私は、卒業生が転職の相談に来たら、まずは必ず引き止めます。「早計に決めるな、よく考えてみよう」と伝えます。

新しい挑戦をすることについては応援したいですし、35歳からの転職だって、いくらでも可能だと考えています。その人自身が、自分が仕事に求めるのは何なのか、人生の優先事項として何に価値を置いているかを整理したうえで、自分のなかで筋を通した判断であれば賛成するのですが、たいていは感情に揺り動かされていて、冷静に考え抜けていないのです。

35歳の決断は、ただ感情に流されるがままに下すものではないと思います。今の職場に不満があって辞めたい、そこで転職先を考える——こんな発想は20代ならいざ知らず30代半ばの人間がするのはあまりに未熟です。

あなたは、仕事に何を求めますか?

収入、待遇、やりがい、職場の将来性、自分自身の向上や自己実現、社会貢献……箇条書きしてみて、何に満足を感じるか順番をつけてみてください。

これだけでも、ずいぶんと今の仕事と自分自身の関係が見えてきます。

今の会社でやっていくなら

転職するかしないかは、考え方として以下の四つに分けられます。

1　転職はせずに、今いる会社でこのまま頑張っていこうという考え方
2　今までのスキルや経験を活かして、他の組織に転職するという考え方
3　今までのスキルや経験を活かして、独立・起業するという考え方
4　これまでとはまったく違う新しいことにチャレンジするという考え方

転職したかつての同僚が出世して華々しく活躍しているとか、学生時代の友人が起業して成功を収めていると聞くと、「自分はこのままでいいのだろうか」と焦燥感を抱きがちです。

「攻め」か「守り」かという二元論で考えると、環境を変えて羽ばたいている人のほうが攻めている印象があります。ワイルドで前に進んでいるようなイメージを抱きが

ちです。

しかし、そもそも人間は、「どれだけワイルドでなくても生きていけるか」ということを求めて文明を発展させ、社会を構築してきました。別にワイルドさを人生の評価の基準にする必要はないですし、ましてや人と比較して、大きな転身をしない自分の人生はつまらないとか味気ないと評価する必要はまったくありません。

今の時代、同じ組織に居続けるということは、決して気楽で安直な選択ではなくて、むしろ覚悟のいることだと思うのです。

同じ会社に居続ける人は二種類いて、「自分はここでやっていく」「ここで働き続けることを選んだんだ」と積極的な姿勢で肚を決めている人と、「よそに行っても大変なのはわかりきっている。なんとかここにいられるようにしたい」という消極型の人とに分かれます。

後者は守りに入っていますが、前者は攻めの一つの形です。企業が会社に残したいのは、当然、前者のタイプです。後者のような人は、実はいちばん危うい。

リストラされやすいのはこんな人

終身雇用で家族的経営が行われていた時代には、「この人はもはや業績を上げるような働きはしていないけれど、長年一生懸命働いてきてくれたし、この人がいることで経験的に教えてもらえる部分もあるから、定年までいてもらいましょう」という発想があったので、どんな人でも組織に残っていられましたが、今は違います。

その人が明らかに組織内で価値ある存在であり、必要とされる存在でなければ、居続けることは難しい。他の決断ができないから、なんとなく居続けているだけの人は、早晩いられなくなります。

「あの人は会社にしがみついている」といった揶揄《やゆ》的な言い方もありますが、これからも今の会社でやっていきたいのであれば、「しがみつく」姿勢ではなく、「ここで生きていく」覚悟を持ってやっていく。

「転職しないという決断は、転職するのと同じくらいの覚悟を持って下した」そう言えるようになりましょう。

そうすれば、今いる会社に居続けるという判断を、恥ずかしいことのように思う必要はまったくありません。いえ、そんな気にもならないでしょう。

それには、あまりうれしくない異動や転勤も受け入れなくてはいけない。社内の評判をよくして、放出されないような実績を出し続けなくてはいけない。何を考えているかよくわからない部下であっても、やる気を引き出して育てていかなくてはいけない。これは、決して楽でもないし、保守的でもありません。

幸せなのは自己実現より他者実現

今よりもっとよい待遇、もっとよい給料、もっとやりがいのある仕事……20代のうちはもっと自分に合ったいい場所があるような気持ちになりやすいものです。

しかし、30代からの転職は、もう「ここではないどこか」を探すものであってはいけません。会社が自分に何を与えてくれるかを重視して転職を考えるのでなく、自分はそこで何ができるかを考える。そのほうが幸せな、納得いく道が選べます。

30代からの転職で重視したいキーワードは、「貢献」だと思います。

「自己実現ではなく、他者実現を考えよう」と私はよく言います。自分の願望を成し遂げたいという気持ちで活動するのではなくて、自分のいる部署なり、会社なりを成功に導きたいという気持ちでやる。そこで何かを成し遂げることができれば、非常に高い評価を受け、結果的に自分の立場も向上します。

自分の利益を軸にして動くのでなく、むしろ他者の利益を考えて動くという発想です。それには、自分がこれまでに培ってきたスキルや経験の実績がものを言います。

外資系企業に多いのが、破格の待遇でスカウトするやり方です。今までよりはるかに多い給料、高い地位が提示され、将来の幹部養成のためといってタレント・マネジメントという教育がされますから、満足感は高いわけです。

ただし、業績が上げられなければ、スパッとクビです。明日から席はない。契約解除が告げられた途端に、もう自分の使っていたパソコンでどこにもアクセスできなくなるというドライな職場です。

そういう経験を経て、起業してコンサルタントになる人も多いですし、そういう職場をいくつか渡り歩いて短い年限で高給を稼ぎ、40代、50代でアーリーリタイアメントするという生き方もあります。

将来がどうなるかわからない不安を抱いたまま60歳を迎えるよりは、そのほうがいいという考え方もあります。

自分が仕事に何を求めるか、働く喜びとして何に価値を置くか。そこに合致した道であれば、ハッピーな結果に終わらない転職であっても、納得感、満足感はあります。だから、まずそこを自分のなかではっきりさせておかないといけないのです。

資格があったら転職に有利と考えて、資格取得に情熱を傾ける人もいます。勉強熱心なのはいいことですが、取ったはいいけれど一度も使ったことのない資格を持つよりも、今やっている仕事で実績を積み上げておくほうがはるかに役立ちます。可能性というのは、今の仕事で高い評価を得ることから開けていくことが多いものです。

独立・起業の道を開くなら

日本の就職というのは、実質的には「就社」です。非正規雇用者、未就職者が増えた現在も、多くの人の意識の根底には、「どこかに勤めていなければ不安だ」という感覚が根強くあります。

そのため、別の会社に移る転職よりも、独立・起業による転職のほうが、高リスクだと考えられている傾向があります。

起業というとハードルが高そうですが、言ってみれば商店街の個人商店は、一軒一軒がみんな独立した個人事業主。どんなに小さくてもみんな経営者です。フリーランスで一人でやっている人も含めて、独立とは自分で看板を掲げて「○○屋さん」を始めるようなものだと考えればいいのです。そう思えば、会社の将来も見えないのに、どこかの組織に勤めていないと不安だという意識から解放され、より自由に将来が描けるのではないでしょうか。

誰もが喜ぶ理想的な独立もある

会社を飛び出して、独立独歩、ゼロからやるだけが「道」ではありません。

起業のスタイルもどんどん多彩になっています。これまでいた会社の支援を受けたり、これまで培ってきた人脈をうまくつなげてやっていけたりすると、リスクも少なくできます。

出版業界では、雑誌を起ち上げて一大ブームを巻き起こすほどのヒットを生んだ編集長が、そのノウハウを買われてヘッドハンティングされ、別の出版社でまた新しい雑誌の起ち上げを要請されるということがあります。雑誌は大勢の人が関わらないと作れません。そういう意味では巻き込む人も多いわけですが、転職というよりむしろ独立に近いでしょう。

評価に値する大きな実績を出せれば、そうやって自然と道が開けてくることがあります。

私の知人に、「プロジェクトチームのリーダー→社内ベンチャー→会社設立」というプロセスをたどった人がいます。社内で新しいプロジェクトを始めることになり、そのリーダーを任されて、会社の支援のもとに社内ベンチャープロジェクトが進行。これが大変成功した。数年継続しているうちに、部下たちから「独立されるなら、僕らもついていきます」と言われて決心し、本格的に会社を設立することになったのです。

元いた会社が「社内ベンチャーから独立へ」という流れを応援してくれる企業風土

だったため、部下を連れて独立してもまったくトラブルになることはなく、取引先の一つとしてその後も良好な関係を続けているそうです。

自分たちを育ててくれた元の会社も、部下や自分も、そして顧客も困らない。こういう「ウィン-ウィン-ウィン」の起業は理想的だと思います。

35歳の転職は遅いのか?

35歳の選択肢としては、心機一転して、まったく新しいことへのチャレンジという道はもうそろそろないだろうと思う人も多いでしょう。

決してそんなことはありません。

たとえば、35歳で一念発起して勉強を始め、司法試験にチャレンジして弁護士になる人もいます。弁護士には定年はありませんから、年齢に関係なく続けられます。80歳になっても弁護士は弁護士です。元気でいる間はずっと続けられるということを考えると、40歳過ぎでキャリアをスタートさせても遅くはない、といえます。

その際に、まず問題になるのは、弁護士として再び収入を得られるようになるまでの期間の経済力です。

30代という働き盛りの時期、忙しい仕事を続けながら勉強ができるのか。もし仕事を辞めて勉強に専念するならば、その間の生活をどうするのか。貯蓄を切り崩す、あるいは、配偶者の収入に頼るのだとすると、家庭の理解と全面的協力が得られなければできないことです。

弁護士は高度な専門性のある資格職業、いわゆる「士業」のなかでもいちばんの難関ですが、今はやや人が余りはじめていますから、資格が取れればどうにかなるというものではなく、事務所を経営していく手腕もないと厳しい世界です。

そういうことを諸々考え併せて、それでもなおトライする覚悟があるでしょうか。現実を見据えた冷静な判断をしつつも、「何としてでもなる」という熱いエネルギーをたぎらせることができるでしょうか。その情熱が沸いてくるのであれば、転身するのに遅すぎるということはないと思います。

ミッション・パッション・ハイテンション

チャレンジに大切なのは「ミッション・パッション・ハイテンション」です。

そこに使命感を感じているか。

情熱を持っているか。

高いテンションを維持してやり続けられるか。

この三つが大事なのです。

私は、30代の挑戦は「夢」であってはいけないと思っています。「チャレンジすること」に目標を置いては駄目です。何か資格を取るにしても、あるいは自分の店を出すといったことにしても、「資格を取った」「店を出した」というところが人生のチャレンジのピークになってはいけないのです。

もちろん、そこまでも大変なことですが、そこから仕事として継続させていくのはもっと大変です。「資格を取った」「店を出した」結果、どういうことをやっていきたいのかという具体的な目標が設定されていないと、せっかく苦労して始めても、結局長続きしません。

一度今の会社を辞めて留学してＭＢＡを取って転職するといった計画も、「ＭＢＡを取った暁には、どういう分野で何をしたいのか」まで考えておくべきです。

それまでやっていたこととはまるっきり違う分野、異業種に参入していく場合、それが大勢でチームを組む会社組織であれば、資金調達先のチェックも含めてリスク排除ができますが、個人で始めると、業界内の常識を知らずに始めてしまうというリスクもあります。

飲食店が続かない意外な理由

たとえば、飲食店にはロケーションとして最低こういう条件が必要、というものがあります。味がいいかどうか以前に、その場所でそういう業態の店がちゃんと集客できるかどうか、といった前提条件です。

これまで飲食業で経験を積んできた人なら普通にわかっていることを知らないままに店を開いてしまう。いわゆる脱サラ転向型の店が続かない原因は、味やサービスということよりも、案外そういう基本的なところに疎いというケースが多いのです。

弁護士になるのも、ラーメン店の主人になるのも、専門的な知識や技量を身につければやっていけるものではなくて、マーケティング力、コミュニケーション力、マネジメント力などが要ります。個人事業主というのは、会社であれば分担して行っていることを、すべて自分でやっていかなくてはいけないということです。スペシャリストでありながら、ゼネラリスト的な感覚が必要になります。

会社員時代にそれがうまくできなくて転業を考えようとする人は、要注意です。

3　30代の仕事力チェック

組織と個人と仕事の量

組織において、自分は有用な人材として機能しているか。35歳に求められている仕事力が身についているか。ここではそれを振り返ってみましょう。

□　仕事の量が増えると、ワクワクしますか？

頑張れば頑張るほど、仕事が増えていく。それをあなたは困ったことだと嘆いているでしょうか。それとも張り合いがあると喜んでいるでしょうか。

ブラック企業は別として、まともな会社であれば、仕事が増え続けている状況というのは、あなたが組織の中できちんと機能していて、頼りにされているということ。過労で倒れるようなことになっては困りますが、「使えると見なされて信頼されている」という証拠です。

「この人に頼んでも、ちゃんとやらない」「ミスが多くて安心できない」とよくない評価をされている人には、仕事があまり行かなくなります。任せられないのですから当然です。忙しい部署であればあるほど、「できる人」と「できない人」の差が開いていく傾向にあります。

ですから、あまり仕事が集まってこない人こそ危機感を持って、「周囲が自分に仕事を発注したくならない問題点」について考えなくてはならないと思います。

仕事の量が増えることを嘆く人のなかには、「仕事が増えても給料が上がらないのだから、やればやるほど損だ」とか「できない人の分までこっちがやらなければいけないのは、納得いかない」と考える人もいます。仕事の報酬には、その結果が評価につながる、充実感・達成感になるといった、目に見えない部分があります。そこを喜べないタイプの人は、出来高制の実績主義の職場のほうが、きっとやりがいを持って働くことができます。

仕事は「獲り」に行くと楽しくなる

仕事が増えて困るのか、仕事が増えてワクワクするのか。

その感じ方の違いは、仕事に追われているか、仕事を獲りに行っているか、の違いにあります。

追われる状態は、誰でもストレスです。自分から獲りに行くのは楽しい。借金取りとかパパラッチとか、追われるのは嫌なもの。魚獲りでもカブトムシ獲りでも芋掘りでもいいですが、自分から探し求めていくのは少しも苦ではない。そういうものです。

仕事も同じです。上から言われたことだから引き受けてやるしかない、という受け身の姿勢の人は、いつも与えられたことに追われているので、楽しくない状態が続きます。そこに、さらに別の仕事を頼まれたりすると「ああ、また仕事が増えた、大変だ」と思ってしまいます。

同じ仕事でも、自発的に獲りに行ってみたらどうか。

会議で「これ、誰がやってくれる?」という話が出たとき、「はい。では私がやります」と言って引き受けたことは、ストレスを感じません。時間に追われることになっても、むしろそれを充実しているとプラスに考えられる。

両者の差というのは、受動的か能動的かというだけではありません。「また仕事が増えた。大変だ……」と考える人は、自分という視点でしか物事を見ていません。しかし「それは私がやります」と言える人は、「誰かがやらなくてはいけないと考えたときに、これは自分が引き受けるべきことなんだ」と判断している。

組織のなかでの自分の位置づけを考えているわけです。それは自分の役割、自分がここにいることの意味だと捉えているから、引き受ける。見えている世界が違います。

あるいは、ある仕事をやっているうちに、新たな課題が見えてきたとします。「これはもっとこうしたらよくなるのでは?」と考えて動こうとすると、仕事量はさらに増えることになります。そのときに、「言われてないから、やる必要はない」と考えて目をふさぐか、「ぜひこの可能性をもっと具体的に探ってみよう」と考えるか。

仕事のできる人は、後者のように自分で仕事を増やしていくことを楽しんでいる人でもあります。

木を見て森も見よ

組織におけるチェックを続けてみます。

□　システム思考ができていますか?

組織のなかの自分の位置づけ、自分の立場を考える視点は、35歳にとっては非常に重要なことです。

組織を見渡す目を持ち、そのなかで自分がやるべきことを考えることができていますか。

そのためには「システム思考」ができなければいけません。

システム思考とは、「物事は原因と結果、因果関係の連なりで成り立っている。その一つひとつの要素を見ながら、連関性のなかでどういう位置づけかということも見ていく」という思考法です。

「木を見て森を見ず」という言葉がありますが、システム思考というのは要するに、木は一本の木として見て、森も見渡す。細部を見る視点も、全体を大きく見る視点も持つということです。

今まで「ここがすべてだ」と思って生きてきたのが、実は大きなシステムのある一部分であったことに気づく。そうすると、自分はそこでどう動いたらいいか、まるっきり違う捉え方をすることができます。

「もっと周りを見ろよ」

「もう少し大人になれないかなあ」

上司や先輩がやんわりとこうアドバイスするのは、自分という個を中心とした考え方ではなく、システム思考で捉える必要があることを言っているわけです。

30代になってもまだシステム思考のできない人は、組織にとってはちょっとお荷物かもしれません。「あの人は組織的な思考ができないので、その役職を任せないでくれ」といった声が周りから上がってくる。しかし往々にして本人はそれに気づいていないので始末が悪い。

たとえば、会議のとき、他の部署との間で利害対立が起きたとき、自分の部署のこ

としか考えられない人は、システム思考ができていません。自らの部署の要求を主張するだけではなく、

「自分の部署はこうしてもらわないと困る。ただ、それだと他の部署にはこのような問題が起きるな」

と立場を変えたものの見方ができているでしょうか。

異動というのは、そういう視野を育てていくという目的もあるかもしれません。他の人、他の部署のものの見方を理解し、そこに配慮できるようになる。これは組織のなかにいる人だけのことではありません。フリーランスで個人で仕事をしているような人でも、相手の立場でものを考えることができないと仕事は増えていきません。

□ プロジェクトチームに呼ばれていますか？

「仕事」とは、いわゆる通常の業務とともに、次を見据えた新しいプロジェクトが並行するのが普通です。そういった新しいプロジェクトが起ち上がるときに、あなたに

はメンバーとして声がかかっているでしょうか。

仕事とは、学校のように「みんな仲良く平等に」「一緒にゴールしましょう」というものではありません。

プロジェクトチームとは仕事がわかっている人間が集まる場。それぞれ培った得意分野を持った人が集められ、個々の知恵やスキルから何かを引き出そう、そこに化学反応を起こそうとする場所です。

ですから、プロジェクト発足の動きがあっても、いつもまったく呼ばれない、声がかからないということは、その力量がない人間だと見なされているということ。「ちょっとまずいぞ」と思うべきポイントになります。

□ プロジェクトのリーダーを任されていますか?

35歳くらいになったら、次はそのプロジェクトチームで、リーダー的役割を任されるようになっているかを考える必要があります。

組織には、リーダーを育てていくという目的もあります。プロジェクトチームに一員として関わるだけではなく、そのチームをうまく回していくことができる人は、システム思考がきちんとできていて、さらにマネジメント能力もあるということで見込まれます。

マネジメントの力は経験で磨かれていきますから、その機会をたくさん与えられる人はより卓越していくことになります。

リーダーを任されないということになると、スペシャリストとしての能力はあるけれど、いまいち人を束ねていくだけの才はないと評価されているのです。柔軟な対人関係が結べていないということが考えられます。

□ 自分の得意分野の仕事をどんどん引き受けていますか？

誰にも苦手な作業というのがあります。しかし、それを得意とする人もいます。苦手な人にとっては、時間がかかって大きなストレスを感じることでも、得意な人にとってはストレスフリー、鼻歌まじりでできる。

そこで、自分がストレスに感じない種類の仕事は、どんどん積極的に引き受けるようにする。そうすると、自分がストレスを感じることを代わりに他の人にやってもらうことができたり、他の業務を軽減してもらうことが可能になります。

たとえば、私は新しいことを始めるとか改革案を出すといったことは、大変得意とするところなんですね。アイデアがどんどん湧いてきます。ですから、大学の新規の学部創設検討プロジェクトとか、機構改革プロジェクトの委員というのは、全然負担に感じないのです。

しかし、みんなでただ報告しあって、結論が特に出ることもない、といった会議はものすごくストレスを感じます。時間がもったいないという思いで、ついイライラしてしまうんです。

新しいことにいろいろ関わっていると、時間が重なってしまった場合、そういう結論を要さない会議は免除されやすくなります。「ああ、会議の時間が重なってしまったんですね。こちらの会議は欠席してもらってけっこうですよ」ということになって、仕事としては忙しくなったけれども実質的にストレスが軽減された、という経験があります。

先述した「仕事を獲りに行く」発想と通ずるところがありますが、「忙しくなること＝ストレスが増えること」ではありません。自分の得意な方面の仕事はどんどん引き受けることで、忙しいことが負担にならずに、元気に機嫌よく仕事をしていくことができます。

自分にストレスをかけることなくできる仕事は何か。

それを明確にしておいて、自ら手を挙げてやるようにするということも、35歳ぐらいで身につけておきたい仕事力の一つです。

□ いつも機嫌よく人と接していますか？

これはその人の社会性をいちばんよく示しているバロメーターです。

一緒に仕事をする、仕事を任せるといったときに、安心できる相手かどうかという判断には、その人が安定した人格を保てているかどうかが大きく関わってきます。

今日は「何でもやります、任せてください！」とテンション高く言っていた人が、次の日会ったらやる気なさそうに沈み込んでいたとしたら、「この人に任せて大丈夫だろうか」と心配になるのは当然のこと。その日はたまたま体調が悪かったのかもしれません。あるいは徹夜明けで疲労困憊《こんぱい》状態だったのかもしれません。

しかし、そうしたことをあまり表に出さずに、一定の穏やかさで振る舞うのが社会人の礼儀というものです。

会うたびに機嫌の振り幅の大きい人は、信頼していいのかどうか心配になるだけでなく、毎回その人の「その日のご機嫌がどうなのか？」を気にしなければならず、関わる人は疲れてしまいます。周囲に迷惑とストレスをかける困った人になるのです。

上機嫌を身につけるセルフコントロール法

私は「上機嫌」な態度とは、ワザ化して身につけるものだと言い続けてきました。

気分がいいから上機嫌、よくないから不機嫌というように、機嫌の波を対人関係においてそのまま出しているのは未成熟さを露呈するものです。付き合っていて気持ちのいい大人な態度というのは、そういう気分のムラがないことです。

自分はどういうときに機嫌がよくなるのか、どういうときに不機嫌な態度になるのかを自己分析して、意識的にセルフコントロールする。

意識して、常に機嫌のいい状態を維持するわけです。

学生時代というのは、これができないのです。

それが社会で揉《も》まれているうちに次第に身についてきます。

ただ、ときどき、いい歳になってもそれができない人がいます。仕事のミスは指摘できても、「あなたのその性格はいかがなものかと思う」とはなかなか言えません。人格否定と受けとめられる怖れがありますから、指摘しにくい部分ですよね。

私の見ているところ、中高年の男性はわりと機嫌のコントロールがヘタな人が多く、仕事の場でも仏頂面で、不機嫌オーラを出している人がいます。こういう人に対して、いかに周囲が気を遣っているでしょうか。中高年の男性は自分で普通にしていると思っていても、「不機嫌」に見えることが多い。気をつけましょう。

いつもニコニコ笑っていなさい、とまでは言いません。その人にはその人の自然体の穏やかな態度というのがあります。それがコンスタントに維持されていることが大事なのです。

柔和な表情だけれど、目の表情がいきいきしている。これができる人に共通するところです。

□ 後輩のフォローをしていますか？

35歳ぐらいになると、突っ走りすぎる20代の手綱を握って抑えつつ、うまくフォローする側になる必要があります。

既成のやり方、過去の因習に囚われずに、斬新なアイデアが出せるのが若さの特権です。それは全体が見えていないからこそできることで、その怖いもの知らずのエネルギーが、ときとして組織の中の活性剤になり、新陳代謝につながります。あながち悪いことではないのです。

しかしそれも「加減」が大事です。いつも攻撃的すぎる思考の人も困る。経験を積んでもそこからあまり進歩しない人も困る。

常にアグレッシブな企画を出して、「いやいや、おまえそれは突っ走りすぎだよ」と言われながらやってきた人も、35歳になってマネジメントをやらなくてはならない立場になったときに、一つの方向からだけではなく、別の視点から考えてみるという思考が働くようにならないといけません。

「誰かがあとで何とかしてくれるだろう」というスタンスから、自分が後始末をしなければならない側の立場になっていくわけです。

威勢がよくて、いささか暴走ぎみの若手を腐らせることなく導いていくためには、かつて自分もそうだったという人のほうが向いています。頭ごなしに否定してかかるのではなく、若い世代には見えていないものについて、経験者の目線で教えることができるからです。

今の若い人たちはおとなしいですから、逆に発破をかけるような、モチベーションを上げてあげるようなフォローの必要性も増えています。

自分の仕事のことだけ考えているのではなく、身近なところにいる若手のフォローが、35歳には求められています。

□ 飲み会の幹事を引き受けていますか？

飲み会の幹事のうまい人は、マネジメント力がある――これは私の持論です。

幹事というのは面倒くさいものです。水面下でちゃんと全体がうまく行くように配慮しながら段取りをして、いろいろな調整をして、トラブルなく会を運営し、みんなが楽しめるようにする役目。これを、そつなくできる人には、場を切り盛りする力、「場の運営力」があります。飲み会の幹事といえども、これは紛れもなく優秀なマネジャーなのです。

名幹事というのは、意識の量が違います。

まず、ものの見方が違う。目に飛び込んでくるもの、耳に入ってくるもの、そこから何が必要かと考えて、さっと動く力があります。

これも経験で培われる力ですから、積極的に幹事を引き受けている人は、ますます意識の量が増え、ますます場を切り盛りする力がついていく。毎年ただ忘年会に参加しているだけの人と、毎年忘年会の幹事を引き受けてきた人は、それだけで意識の量、マネジメント力に大きな差がついていきます。

みんなやりたがらないものですが、誰かがやらなくてはいけないものでもあります。幹事なんて学生時代だけでもう十分と思っているあなた、誰かがやるだろうと思っているあなた。

あなたは組織というものが見えていません。社会では、幹事は必ず評価につながります。幹事を引き受ける意味は、大人になってからのほうがずっと大きいのです。

□　会社の警備員の人と雑談していますか？

「ああ○○さん、遅くまでお疲れさまです！」

残業をして夜間に通用口から出るとき、顔と名前を覚えられていて、警備員の方に声をかけられるようになったら、なかなかの35歳です。

会社には、警備員の方や宅配業者の方、他社の営業担当者といった、自社の社員ではないけれどよく顔を合わせる人たちがいます。普通の人は、用事がない限りはなかなか声をかけません。

ところが、「いつもお疲れさまです」とか「今日は暑いですね」というように、ちょっとした声かけをしている人もいるんですね。

向こうから最初に声をかけてくるということはあまりなくて、話すきっかけというのは、こちらからねぎらいの言葉をかけることから始まることがほとんどです。

ほんのちょっとしたことでも言葉をかけるということは、相手に意識を持つ余裕があるということです。これもまた意識の量の違いです。

すると向こうも意識して名前を覚えてくれる。

向こうから声をかけてくれるようになるというのは、日々そういうことの積み重ねをしているという結果なのです。

そういう気遣いのできる人は、細やかな意識でいろいろなところに目配りできる人。

仕事の上でもひと味違う形で表れ、「任せられる人間だ」という評価を受けます。仕事ができるかどうかは、意外とそういうところでも見られているものなのです。

4　35歳、「できる人」と言われるには

30代が確実に身につけている強みとは？

22歳で大学を卒業して就職した人は、32歳で勤続10年です。

学生時代から考えてみても、一つのところに10年も所属していたということはないわけで、「ああ、自分も長いこと会社にいるなあ」と思うようになります。12年経過すると、「あっ午年だ、干支を一巡したぞ」という思いを抱くこともあるでしょう。

この10年を超す経験を通して、自分の得意な「攻め方」を持てるようになるのが30代の強みです。

たとえば、新人のころは、失敗したり上司に言われたりしたことを、悶々《もんもん》と抱えて落ち込みから立ち直れないということがありませんでしたか？　しかし、今はその気分を切り替える方法を自分で持っているでしょう。

プレゼンの前の晩は緊張して寝つけなかったのが、今考えると可愛かったなあ、と

思える。

トラブルが発生しても、ただおろおろして、パニックを起こすのではなく、状況にのまれず、周りを見渡して対応策を考える余裕がある。

つまり新人時代にはできなかったことが、35歳では確実に身についているわけです。

ただし、ここも具体的に、自分は何にどう強くなったのか、再認識してみる必要があると思います。

そこで次の質問です。

□「これで攻める」という自分流のスタイルを持っていますか？

今まで経験のない部署に異動になった。たとえば、ずっと商品企画を担当していた人が、いきなり営業に異動になったら戸惑いますよね。「何をどうしたらいいかわからない。しんどそうだな」と思うでしょう。

これが新人だったら、「余計なことを考えないで、とにかく数を回れ」と言われます。「下手な鉄砲撃ち」ですから、数を撃たなきゃ当たらない。たくさん回って経験値を増やしていくしかないわけです。

しかし30代には、自分の確立してきたスタイルがあるはずです。たとえば自分はプレゼン力、交渉力に自信があるという場合は、これまでの営業マンがぶつかって玉砕してきた難攻不落の顧客リストを見せてもらって、あえてそこを狙い撃ちする。

プレゼンや交渉を得意とするあなたにとって、難しいからこそモチベーションが上がります。うまくクライアントを獲得できれば、あなたは「あそこを陥落させたすご腕の営業マン」の称号を得ることができます。そういうところばかりを端から落とす戦略です。駄目でもともとなので、たとえうまくいかなかったとしてもマイナス評価にはなりません。

これは、新人にはできないことです。

これまで自分がやってきたことをヒントに、自分が長《た》けているところ、うまくいくやり方を効果的に使って、自分のスタイルで攻める。自分の角度を持つ。

「営業だからこうすべきだ」と捉えないで、「この仕事において自分の角度で攻める方法は？」と考えていくようにすると、これまでやってこなかった新しいことに挑戦するときも緊張や不安が和らぎますし、疲れも少ない。

これこそ、35歳だからこそできるワザです。

人と同じことをしていれば幸せに過ごせる時代は終わりました。自分には何ができるか、自分はこれで生きていく、そういう自分ならではの支柱を持つ人が強さを発揮する時代です。

□ 最近、人をほめましたか？

たとえば営業のように売り上げがしっかりと見える仕事もあれば、新しい企画立案や管理部門のように結果がすぐに見えない仕事もあります。

後者のように結果が見えにくい仕事の場合は、評価、もっと言えば「ほめられる」ことがモチベーションアップにつながります。日本の企業の場合、上からのフィードバックがはっきりないことも多いのですが、きちんと評価され、ほめてもらえるというのは重要なことです。

けれども、相手に「ほめてくださいよ」とはなかなか言えません。どうすればいいのでしょうか。

対人関係というものは一方通行ではないので、自分がまず相手のいいところをほめる習慣をつける。自分がほめてもらうことを期待するのでなく、まず自分が人をたくさんほめるようにするのです。

そこに喜びを見出せるようになると、人に期待しないで、自分で自分をほめるということもできるようになります。さらには、常にほめてくれる人だということで、相手も評価をしてくれるようになっていきます。

上司をほめることは「戦略」だと考えよう

もちろん部下や後輩をほめることも大切ですが、意外とできないのが上の人をほめること。感心するようなことがあったら、上司も遠慮なくほめましょう。

上をほめるというのは、ゴマをすったり、よいしょしたりして、自分の立場をよくしようとするために動くことではありません。組織としての動きをなめらかにするための「作業」、円滑に回していくための「戦略」の一つだと考えてみましょう。

「おかげで、非常に助かりました」

「みんなものすごくやる気が出ました」

「あのやり方、真似させてもらっていいですか」

こんなことでも十分です。日本語にはそのあたり柔らかいニュアンスが出せる表現がいろいろあります。

相手の行為がよい効果をもたらしていることを伝え、その言動に対するフィードバックをする。同時に、そのことに感謝する意味合いもあります。

上司と自分と二人だけのところでやるよりも、他の人たちがいるところでやったほうがより効果的です。自分のいいところの話をみんなの前でしてもらって悪い気分になろうはずがありません。

何を話したらいいかわからない相手には、まず相手のほめるところを探して、そこからきっかけをつかむ。これはコミュニケーションの王道ですが、ほめることは社会を円滑に回す潤滑油の働きをしてくれるのです。

□ 他部署の上役と雑談できますか？

中間管理職がキーステーションになると、上下がうまくいきます。組織が円滑に回っていくようにするために、上と下とをつなぐパイプになることも35歳の役割です。

上の人にある程度ものが言える関係性は、普段からの人間関係が良好でないとできません。面倒なことが起きたときに、上司を説得して動いてもらうように仕向けたりするのも、中間にいる人間のマネジメント力。そういう務めが果たせると人望が集まります。

部下だけでなく、上司と雑談をするパイプを持っていますか。

自分の直属の上司だけでなく、他の部署の上役とも話ができますか。

部長や役員の誰とも、顔を合わせればちょっとした会話ができる。これは35歳の仕事力としては、かなりポイントが高いと言えるでしょう。

別に仕事に関する話ができなくてもいいのです。相手と自分との間に、何かつながりを見出せればいいわけですね。

ゴルフ好きな人だったら、「最近、ゴルフのほうはどうですか?」でいいですし、犬好きだったら犬の話でいい。ふるさと談義というのもあります。同郷のよしみというのは、あっという間に距離を縮めます。こんど郷土料理の店で一緒に飲もう、といった話に発展することもなくはないでしょう。

上司というのは意外と孤独なものです。上の立場になるほど、社内に話し相手がいなくなります。常に部下の尻を叩いて、「あれをやれ」「これをやれ」と言わなければならないのが仕事。個人的にはそうは思わないことでも、立場的に厳しく言わなければならない場面も多々あります。

あなたの身近なところにいて、数年先の道を走っている人です。5年後、10年後になったら、どんなことを考えるようになるのかを知っておくことは、個人的にも立場的にも意味のあることです。35歳になったら、歳の近い同僚たちと過ごす時間を減らしてでも、上司の話し相手になる時間を作ることを意識しましょう。

パイプを作って、それを自分の仕事や出世に結びつけたいといったギラギラした野望を持つのでなく、「袖振り合うも多生の縁」、コミュニケーションが取れていたほうが会社が楽しくなる、くらいの思いで雑談できるようにすればいいのです。

□ 突然の異動や転勤を、前向きに受けとめていますか？

会社勤めをしている人にとって、自分の意思ではままならないものの代表格が異動と転勤です。意にそまない部署に回された、思いがけないところに転勤になったなどの葛藤は、いろいろなところで耳にします。

「これでもう自分はラインから外れてしまった」とショックを受けて落ち込んでしまう人もいます。

しかし、そんなことはわからないわけです。大赤字を抱えた地方の関連会社に出向になって、３年間でそこを立て直して、本社に戻されて昇進——といったケースもけっこうあります。大逆転で社長に就任した人だっています。

仕事ぶりは、必ず伝わります。むしろ、そこでの踏ん張り力のようなものが試されるのではないでしょうか。本社の中枢、花形の部署にいることがよくて、地方の支店・営業所、本流ではない部署は駄目というように、優劣をつける考え方はやめたほうがいいでしょう。

異動の辞令があったら、すべてポジティブに捉える。

以前、一緒に本を作っていた大きな出版社の編集者が、異動になりました。企画力のある優秀な編集者で、もったいないと思いましたが、会社とはそういうものです。異動先は資材部だといいます。好きな仕事から離れ、少し腐っているかなと思いましたが、「どうなの？」と聞くと、「紙の調達をしているんですけど、これはこれでいろいろ面白い世界ですよ」と笑って答えました。練れた社会人だなあ、と感心したことを覚えています。

「面白がれる人」は強い

異動や転勤は、新しい自分を見出すチャンスだと捉えるべきです。

自分では思ってもみないようなことを求められても、それによって自分の幅が広がっていきます。

地方転勤も「何かの縁だと思って、この土地を楽しんでみるか」と考えたほうがいいでしょう。もっといえば、「第二のふるさとにしよう」くらいの気持ちを持つ。

世の中にはいろんなアプローチがあって、それぞれがそれぞれの分野で仕事をしているのです。自分にできることをどんどん広げていきたいという気持ちを持ち続けている人は、刺激に対して柔軟です。

それは、生きるうえでの「構え」の問題です。あんまり固定観念を持たないで、新しい環境、新しい職場を面白がってしまうのが、結果として自分を成長させます。

自分がやりたいことができるのが仕事ではなくて、その場その場で好奇心を持ってそれにチャレンジでき、そこを楽しめればいい。固着しないことで新たな刺激が受けられると考え、すっきり引き受けて気持ちよくやりたいものです。

5　できる人ほどポリバレント

年功序列の名残りを活用する

２、３年ごとに異動があって、社内のさまざまな部署を横断的に経験するなかで、経営、管理ができる人材を育てていくというシステムは、きわめて日本的なスタイルです。そこで次の問いについて考えてみましょう。

□　あなたは何ができますか？

状況を受け入れて好奇心を持って臨むと同時に大事にしていかなければいけないのが、「自分は何ができるのか」「何ができる人間になりたいのか」という視点を持ち続けていくことです。

日本の企業の多くには、いまだに、ある一定の年数が経《た》つと、係長になり課長になり部長になっていく管理職という職制があります。マネジメントができるからその役職につけるようになるというよりは、年功序列制の名残りというべきシステムです。

この仕組みのために、管理職の肩書があることで、マネジメントをやっている気になってしまう、あるいは自分はマネジメントができる人間だと勘違いしてしまう人もいます。

「私は部長ができます」という笑い話があります。

部長職にあった人に「あなたは何ができるんですか?」と聞いたところ、「部長です」と自信たっぷりに答えた。さらに「部長ができるというのは、具体的には何ができることですか?」と聞くと、「何を言っているんですか、部長は部長ですよ」と答えた。しかしこれが、リストラされて転職支援会社の人からされた質問に対する答えだとしたら、笑うに笑えません。これでは再就職先が見つかるわけがない。年功序列、終身雇用の仕組みのなかで、一社限定、そこの会社で部長がやれていても、そこだけでしか通用しないキャリアであることに気づけないのは不幸です。

今いる会社の肩書が部長であることと、よそに行ってもだいたい50人くらいの規模の部署を統括できるマネジメント力があることとは、まったく違います。

マネジメント力というのは総合的な力ではありますが、ある意味、一つのスキルでもあります。チームをまとめて成果を上げられる、あるいはその場のみんなを向上させていける、「人を動かすことができる」という専門スキルなのです。

本当の意味の「部長ができます」とは、どこに行ってもマネジメントができる、そういうスペシャリストが使うべき言葉なのかもしれません。

スペシャリストかゼネラリストか

30代半ばになると、今後キャリアをどう構築していくか、自分はスペシャリストになるのか、ゼネラリストになるのか、ということを考えると思います。

これからは、ゼネラリストというのも、ある種、専門的に考えていく必要があります。今いる会社だけでしか通用しないゼネラリストになっても仕方ないのです。

サッカーの世界では、よく「ポリバレント（polyvalent）」という言葉が使われます。多機能的という意味で、一つのポジションだけでなく、戦術に応じて攻撃ができたり守りができたり、サイドに回れたりと、複数のポジションをこなせる能力のある選手を言います。

ビジネスの世界で今、求められているのも同じです。複数の役割をこなせる人、臨機応変な対応力を持つ人が強い。

ただし、何でも一通り「広く、浅く」こなせることがいいのでなく、一つのポジションだけをやっている人にも劣らない力が要ります。そういう意味では「深さがあって、さらに広がりがある」というイメージでしょうか。

「自分の得意分野はこれです、ここは任せてください」というものを確立できている人が、そこだけにこだわるのではなくて、他のことにも柔軟に適応することでさらにいい結果を出せる、という状態が望ましいわけです。

□ 余計な仕事だと思っていることがありませんか？

私は、組織とは、基本的にスペシャリストの集まりであるべきだと思っています。

一人ひとりが専門的な能力を養い、それを発揮することで生産性が高まる。とはいえ、専門性ばかり求めてみんなが「これは私の専門テリトリーではないからやりません」と言っていたら、組織は立ち行きません。

専門的とは言えないこと、クリエイティブではないけれども誰かが必ず処理しなくてはならないことが、仕事のなかにはたくさんあって、そういうことも呑み込んで引き受けていくから、組織はうまく機能していくのです。

技術職のようなスペシャリストであっても、30代になると、部署の予算管理やらチームリーダーやらマネジメント的な仕事が増えてきます。「そういうことは煩わしい、関わりたくないんだ」と言っていていいでしょうか。

仮にあなたがエンジニアだったとします。

高い技術力を持つキャリア豊かなエンジニアであっても、マネジメントに疎ければ、異動でやってきた年下の総合職マネジャーの指揮下で動くことになります。専門的な知識の乏しいマネジャーは、技術部門に適切な予算を割いてくれないかもしれません。仕事の期限設定にも、無理なスケジュールを組むかもしれません。

でも、もしエンジニアのあなたがチーム内の予算管理やスケジュールや人事に関するマネジメントもできたら、自分たちの思いを反映させた仕事の運び方ができます。現場に即した調整を進めていくことができます。

仕事がしやすくなるのはあなただけでなく、チーム内の他のエンジニアたちもやりやすくなります。成果も上がります。

こういうプレイング・マネジャーは、組織においてとても貴重な存在です。

やってみたら案外マネジメントというのも面白い、ということになるかもしれません。マネジメント力のあるエンジニアとなったあなたは、この先、スペシャリストであり続けることもできますし、マネジャーとして経営側の立場になっていくこともできます。両方の力を活かして、独立して起業することを視野に入れることもできます。転職する場合も選択肢が拡がります。

「どちらにも行ける」し、「いつでも戻れる」状態でいられることが、結局は自分の将来に対する大きな安心材料になるのではないでしょうか。

若いときは、「白か黒か」「AかBか」と二者択一で物事を単純化させて考えがちですが、30代半ばともなると、もっと含みを持たせて考えることができるようになります。「スペシャリストになるか、ゼネラリストになるか」と二項対立で捉えるのではなく、「どっちの要素も必要だから、どっちにも行けるようにやっていこう」と考えていく。これが柔軟かつポリバレントな大人の発想というものです。

中堅社員の心得

松下幸之助は、高度経済成長期の日本の企業モデルをつくり上げた経営者ですが、１９８０年当時に、中堅社員の心得としてこんなことを言っています。

会社で働く社員の心がまえとして、私が機会あるごとに強調してきたことがあります。それは、会社で月給をもらって働いているといういわゆるサラリーマンとしての考え方をもう一歩飛躍させて、自分は社員としての仕事を独立して営んでいる事業主だと考えたらどうか、ということです。

（松下幸之助『社員心得帖』ＰＨＰ文庫）

会社員であっても自分は一個の事業主だという気持ちを持つことで、仕事に対する意識や責任感も変わる。そういう自立心を持ちなさい、と言っているのです。また、社長や部長はお得意先と思いなさい、とも言っているんですね。

たしかに、組織の中にいても「自分は自分の店の経営者である」というつもりになれば、行動、判断の一つひとつを疎《おろそ》かにできません。「あのときのあの行動のせいで得意先をなくしてしまった」となったら大変ですから、自ずと意識の張り巡らし方が違ってきます。

時代は変われども、社員の心がまえとして、「自分は自分の店の経営者である」という自立心を持つことは非常に大切だと思います。

ちょっと逆説的に思えるかもしれませんが、いつかは独立したい、起業したいということを考えている人で、今やっている仕事を疎かにする人はいません。いずれ辞めるんだからという気持ちで、いい加減な仕事をしていません。

それは、実績を出したい、仕事の幅を広げたい、今やっているすべてが経験になる、無駄なことは何もない、と思っているからです。得られることを精いっぱい吸収して、今の仕事で地歩を固めて、独立してもやっていける自信をつけたいと考えているからです。

結局、「自分は自分の店の経営者である」という気持ちは、仕事に向き合う姿勢として一つの肚決めのようなもの。

そう思うことで覚悟が据わる。だから、真摯で自覚的になるのだと思います。

□　転職しても成功していく自信がありますか？

大事なのは、今いる場所でいかに全力が出せるかです。今いる場所で出せないものは、たぶんどこに行っても出せません。

転職するのも、独立するのもいいですが、その前に、今ここでベストを尽くしましょう。「自分は自分の店の経営者である」という意識でいれば、どこにいようと自分がやるべきことに大きな違いはないのだという気持ちになります。

どうにも気持ちが定まらない人は、一旦「自分はここで生きていく」という覚悟を持ってみたらどうでしょうか。

キャリアを積むというのは、それまでの人生でやってきたことをもとに、自分を更新していくこと。ゼロにしてリセットするのではなく、現状の更新なのです。

転職も独立もそして現状維持も、今の自分をどう将来につなげていくか、どう更新させていくかの問題です。

いつでも独立できる力を持ちましょう。いつでも独立できる力を蓄えていたら、かえって今ここにいることの意味も見えてきます。

男性アナウンサーとしてＴＢＳの看板を背負っている安住紳一郎さんは、会社員の鑑《かがみ》だと思います。彼なども、局アナでありながら、ずっと「自分の店の経営者である」姿勢を持っているように思えます。独立すれば今より格段に稼げることは明らかです。30代前半から独立してフリーでやっていくチャンスもあったのではないかと思いますが、「独立する」という決断をせずに今に至る。この先どうするかはわかりませんが、いつでも独立できる力を持った人間が、会社の屋台骨を支えている姿に、私は気骨のようなものを感じるのです。

自分はこれでやっていくという肚を据えた覚悟があると、もう組織の内か外かということはどちらでもよくなるのかもしれません。

よそに行っても、独立しても成功できる秘訣《ひけつ》は、実はそのあたりにあるのではないでしょうか。

「これで生きていく」肚決めが必要

「これしかない」と思うことと、「これで生きていく」という肚決めとは真逆のものです。そこを勘違いしないように気をつけてください。

会社が変わっても、リーダー性を発揮することができてその部署の人心を掌握でき、業績を上げるなどの結果が出せるのであれば、それは優れたマネジメント力です。ある会社の部長しかできない人は、他でつぶしが利きませんが、部長レベルのマネジメント力に長けている人は、業種・業界が異なっても活躍できます。

マネジメントのスペシャリスト――その究極が経営者です。

ある業界で叩き上げの経営者が、その後、優秀な経営のプロとして、他業種の会社の経営までも任されて活躍している例はたくさんあります。

たとえば、稲盛和夫さんがＪＡＬの再生を任されたのも、組織を再生・活性化させる経営手腕が買われたからです。航空業界に関する専門的知識がなくても、経営能力が発揮されると見込まれたわけです。

どこに行っても自信を持ってやれること、それが自分のスペシャリティです。そういうものを持つことが、本当にキャリアを積んでいくということです。

それを活かしていくのは、柔軟性があるかどうかなのです。

□「自分はこれでやっていく」と自信をもって言えることは何ですか？

この問いに自信を持って答えられるようになれば、あなたはスペシャリストの一員だといえるでしょう。

35歳で文化人的活動に

ビートたけし（タレント、映画監督）

プロフィール／1947年東京都生まれ。明治大学工学部卒業。漫才師、タレントとしての活動以外にも、映画監督としても世界的評価を受ける。現在も週7本のテレビ番組のレギュラーを抱える。

たけしさんは、コンスタントに自分の棚卸しをやっている人だ。

1980年代初頭のマンザイブームでブレイクし、ツービートの「ビートたけし」として人気者になったころは、毒を吐くお笑い芸人だった。そんなシニカルな毒舌家が「タケちゃんマン」に扮《ふん》したりするギャップに、いっそう人気が出た。

35歳ごろからは、司会やメイン・コメンテーターとして、また小説を書いたりする多才なタレントとしての活躍が増えた。

40代になると、映画監督としてデビューし、独特の世界観で多くのファンを惹きつけるようになる。北野映画は海外でも大変人気が高い。

35歳の棚卸しだけでなく、数年ごとに自分の位置づけを変え、自分を更新させていく。たけしさんのすごさは、新しいワールドを切り拓いても、それまでの自分という部分も葬り去ったりしないところにある。「世界のキタノ」と呼ばれるほどの映画監督でありながら、お笑いを捨てない。

私は『情報7daysニュースキャスター』という番組で共演させていただいていたが、「自分はビートたけしとして出演している」のだと、毎週コントのネタを真剣に考えてこられるのだ。もう、被《かぶ》りものをし、珍妙な扮装をしてコントをやらなくても、そこにいてコメントをするだけでいい大御所の立場なのに、嬉々としてやり続ける。私はそこにプロ意識を感じていた。

棚卸しとは、リセットではなくリニューアルしていくこと。それを体現されている人だと思う。

35歳で「住吉の長屋」を手がける

安藤忠雄（建築家）

プロフィール／1941年大阪府生まれ。放浪生活、プロボクサーを経て、69年に安藤忠雄建築研究所設立。「水の教会」「光の教会」「司馬遼太郎記念館」「ベネッセハウス」などを手がける世界的建築家。

私は「ミッション・パッション・ハイテンション」を仕事における合言葉と考えているので、この3つの要素を併せ持った人が好きだ。建築家の安藤忠雄さんも、間違いなくミッション・パッション・ハイテンションの人である。

10代でプロボクサーを目指すも、自分はこの世界では一流になれないと感じるや、目指す道を一転、独学で建築を学びはじめる。

自己投資として、アルバイトで貯めたお金で、まず日本国内のさまざまな建築を見る旅に出る。そして24歳で、今度は海外の建築を見て歩く旅に出る。ひたすら建築のことを考えて、1日15時間、50キロ近く歩き回りながら、全身全霊で建築を吸収しようとした。

ほとんどアスリートのトレーニングだ。こうした熱いパッションに培われた体験が、安藤さんのベースとなる。

あるインタビューで「吸収できる年齢は35歳くらいまでと考えて、自分を追い込んでいかないと本物の力にならないと思う」と語っておられた。

35歳くらいまでは徹底的に学んで、しっかりした土台を構築する。そうすれば、80歳になっても若い心を持って仕事を続けられる、というのが安藤さんの考え方であり、生き方だ。


「住吉の長屋」を手がけたのは35歳のとき。コンクリート打ちっぱなしで箱のような造り。狭い居住空間の真ん中に中庭があるため、「トイレに行くのに傘を差さなきゃいけない家」と批判された。便利であることをいい家の条件とは考えず、住む人が自然を感じつつ、日々頭を使う必要がある家は、その後の安藤建築の原点となった。

35歳でピニンファリーナ入社

奥山清行（デザイナー）

プロフィール／1959年山形県生まれ。武蔵野美術大学卒業後、アメリカのアートセンター・カレッジ・オブ・デザインに学ぶ。工業デザイナー、カーデザイナーとして世界的に活躍。フェラーリやマセラティのカーデザインも担当した。

カーデザイナーとして、ゼネラルモーターズ社でキャリアをスタートさせた奥山さん。その後ポルシェ社に移り、再びゼネラルモーターズ社に復職。35歳のときには三十数名の部下を率いるシニアデザイナーの立場になっていた。

ところが、その立場をなげうって、イタリアの名門デザインスタジオ、ピニンファリーナ社に入社志願する。なぜか。フェラーリのデザインをしたかったから——。肩書もなくなる、給料は3分の1になる、それでも「自分の作品はこれだ」というものを残したい、と考えての決断だった。

上司はみんな英語を話さないイタリア人。初歩からイタリア語を勉強するところから始めた。そして、ピニンファリーナでフェラーリをはじめ数々の名車のデザインを手がけ、世界的に名を知られるようになる。

「当時の僕は、転職に際して3つの条件を持っていました。自分が気に入るところであること。新しいことが学べること。求められていること。忘れられがちですが、特に大事なのは3つ目です。全員に求められていなくてもいい。キーメンバーからは絶対に求められていないと。これが、仕事の意欲にも、自分の成長にも、結果にも大きく影響してくるんです」（リクナビNEXT『プロ論。』）

奥山さんは、ただ自分がやりたいという思いだけで動いていたのではなく、「自分が入ることで、その会社にどういうプラスを与えられるのか」を常に考えていた。

転職して本当にキャリアアップしていくためには、会社から何を与えてもらうかではなく、会社に何を与えられるかという視点が重要だという好例だ。

第3章

人生の迷いを吹っ切る技術

1　20代と30代で「幸せ」は激変する！

人生のストレス量を考える

自分にとって耐えがたいストレスが何なのかを把握すべしと第1章で書きました。今現在、自分のストレス材料になっているのは何かを見据えること以上に大事なのが、その問題が自分の人生に与える「総ストレス量」を考えることです。

まずは次の問いについて考えてみましょう。

□　未来の大きなストレスを見きわめていますか？

今、自分を悩ませていることが、5年後、10年後、20年後にはどうなるのか。もっと大きなストレスになりそうか。今よりは小さくすることができそうか。5年、10年後には、巨大化して自分をさらに苦しめることになるのであれば、早めに退治しておくに越したことはありません。

今後ストレス量が増えていくと考えられることについては、その要因を考えて、一つずつ各個撃破的につぶしていくべきです。

問題を棚上げしておいてはいけない。ストレス課題の棚卸しをしていかなければいけません。

たとえば、結婚するか、しないかという問題。25歳のときには、結婚していないことにストレスを感じることはほとんどなかったと思います。

しかし32歳ではどうか。友だちがどんどん既婚者になっていき、付き合い方が変わってくる。たまに会っても、話題が微妙にかみ合わなくなってくる。親からも「孫の顔はいつ見られるのか」といった形でプレッシャーをかけられる。結婚なんてまだいいと思っていた人でも、焦りがないと言ったらウソになる。結婚していないだけで、社会的にどこか一人前になりきれていないように見なされ、ストレスは増していきます。

これが40代となると、自分は人生のパートナーを持つこともなく、子どもを持つこともなく、ずっと一人で人生を終えていくことになるのだろうかという思いまで湧いてきます。また、孤独死に対する不安も頭にちらつきはじめるかもしれません。

離婚率も増えていますし、結婚したから老後も安心ということは決して言えません。しかし、人間社会において連綿と続けられてきた「婚姻」というシステムの外にいることで、ストレスを感じることも多いはずです。

独身時代と結婚してからの幸福観の違い

一方、ストレス材料とは逆に、「自分はこれがあると幸せだ」というものを確認していく作業も必要です。

□「今、これがあると幸せだ」と思える瞬間はいつですか?

「自分は今、これがあると幸せだ」と感じるものを明確にさせておき、それにどう変化が生じているかをときどき再確認してみてください。

人生で何をいちばん大切だと思い、何に価値を感じるかは、環境や人との出会い、年齢によって変わっていきます。

自分にとっての幸せの基準、幸せの尺度はどんどん変わっていくのが普通です。独身生活を謳歌《おうか》しているときは、自分の稼いだお金は全部自分の好きなように使えます。プライベートな時間も、自由に好きなことに使えます。そういうときの「これがあると幸せだ」と、結婚し、子どもができて家族としてのお金の使い方を考え、家族としての時間の過ごし方を考えるようになってからの「これがあると幸せだ」は自ずと違ってきます。

お金も時間も自分の好きにできることが幸せかといえば、そんなことはありません。自分自身の欲求が充《み》たされることよりも、家族が幸せであることのほうが、優先順位が高くなっていくものです。みんながみんなそうとは限りませんが、多くの人はそうなっていきます。

それは「諦め」ではなく、「明らめ」です。明らかに見きわめることができるようになってきたということなのです。

「これがあると幸せだ」の要になるのは、「人」「もの」「時間」です。

・誰と生きていきたいか

人生の伴侶をどう考えるか、家族を持つことに対してどう考えるかということです。パートナーがいればいいか、子どもが欲しいか欲しくないかによって大きく違います。また、残念ながら結婚生活がうまくいかなかった場合に、どちらが子どもを育てるかということもあります。

・何を所有したいか

住む家に対して、賃貸でいいと考えるか、マンションを購入する、家を建てるなど持ち家を望むかどうか。あるいは車。地方で暮らしていると車がないと動きが取れませんが、都市部にいたら車がなくても生活していけます。何を持っていると幸せを感じるか、何がなければ生きていけないと思うか、生活を充足させてくれるものは何なのかということです。

・どういう時間を過ごしていきたいか

どこにいても仕事ができる状況がさらに進んでいます。仕事とプライベートの時間をくっきり分ける生き方をしたいか。時間の切り分けはあいまいでも気持ちの切り替えができるか。人によって違います。通勤時間をどう考えるか、休みをどう過ごしたいかを考えることも重要です。自分が満足いくのは、どういう時間が持てることでしょうか。

「人」「もの」「時間」を軸にして、「これがあると幸せだ」を考える。三つの要素のトライアングルのバランスがいい状態が、人生の充足感と幸福感を高めることになっていくと思います。

社会人としての義務と責任を再確認する

仕事においてはシステム思考ができなければいけませんが、人生そのものに対しても、システム思考はとても役に立ちます。

要するに、自分自身の幸せということだけで考えるのではなく、社会を構成する一員としての自覚のもとに、どう生きていくかを考えていくべきなのです。

35歳で働いていない、あるいは働いていても税金を納めていなかったりするのは、成人として社会に対する義務と責任を果たしていないという見方をされても仕方ありません。

また、「結婚することに別に意味が感じられない、親と一緒に生活していくことのどこが悪いんだ」とか、「これからの世の中を考えたら、子どもを生み育てることに希望が見出せない」という人ばかりになってしまうと、少子化が進み、社会という船の漕ぎ手がいよいよいなくなってしまいます。

□ 社会の再生産について考えたことがありますか？

堅苦しい言葉かもしれません。でも、35歳という年齢は、こういう問題を一度じっくり考えてみることで、より成長することができます。

仕事をして、税金を納め、今の社会を回していくこと、そして次の世代を生み育てて、いわば襷《たすき》を次代に渡すランナーのような役割を果たすこと——青年期から壮年期とは、そういう責任を担っているのです。

個として、一人の社会人として、自分はどういう意識で臨むべきかということを、学校教育では教えてくれません。しかし知っておいたほうがいいことです。いいえ、知るだけでなく、そういうことも考えて、人生プランを立てていただきたいのです。

基本的には社会の豊かさは、再生産によって維持されています。

夫婦二人が二人の子どもを生み育てないことには、社会は先細りになっていきます。それが維持されていないと、少子化で人口が減っていく。労働人口も減っていく。税収も減っていく。社会の担い手に比べ、高齢者が増えます。60歳以上、70歳以上が膨大にいて、「80歳、90歳も当たり前」の社会になってきました。社会保障費は増えていきます。そのアンバランスさは大変危機的な状況にあり、深刻な問題になっています。

20代、30代がある程度の人口を維持していくことが自分たちの責務であるという自覚を持って、子どもを生み育てる、次代の担い手を育てていかなくては、社会が成り立たなくなっていきます。日本という国家の船の漕ぎ手を失い、国が滅びてしまうことになってしまいます。人口構造が改善されない限り、構造的な不況は解消しないし、社会保障問題も解決しません。

自分の老後の年金や医療の問題を心配するように、社会構造の危機に対しても、わがこととして心配しなくてはいけない。

社会における「再生産」の責任についてもしっかりと考え、自分の生き方に投影させていってほしい。

真の社会人とは、それができる人のことです。幸せというのは、個人的なものばかりではなくて、社会の安定、国家の存続ということがかなえられていてこそ得られるのです。

2　あなたが本当に「急ぐべき」リアルな理由

結婚適齢期とは妊娠・出産適齢期だった

今ではあり得ないことですが、かつては、女性の結婚適齢期がクリスマス・ケーキになぞらえられたことがありました。24日（24歳）まではよく売れるけれども、それを過ぎると一気に需要がなくなるなどと言われ、女性差別として問題になったこともありました。

しかし、働き方や生き方のスタイルが多岐にわたって、昨今はあまり結婚適齢期ということは意識されなくなりつつあります。振り返ってみれば日本では、晩婚化の影響で高齢出産が増え、1993年に、それまで30歳以上とされていた高齢出産年齢が「35歳以上の初産婦」へと変更され、高齢出産化の傾向はますます増え続けていたのです。

ところが、このところよく目につくのが、30代半ばになると、卵子の老化が急速に進む、という科学的な見解です。35歳を過ぎると妊娠の確率ががくんと下がるだけでなく、流産の可能性も上がるそうで、妊娠・出産の課題が増えることになります。出生前診断の是非ともからめて、このところニュースでもよく取り沙汰されるようになりました。

「いちばんの不妊治療薬は若さである」と言って、不妊治療をしたいなら、一日でも早く産婦人科に来なさい、と言っているお医者さんもいます。

ちなみに、卵子の老化に比べると比率的には少ないものの、男性の精子も35歳を境に力が衰えていくそうです。

□ 妊娠・出産のリミットを考えたことがありますか？

医学の進歩に伴って出産時のリスクが減り、体外受精などの技術が進歩しても、そして、現代人がいかに若々しく見えるようになっても、35歳になると生物学的に生殖活動のリミットが近づいていることは否めないわけです。

要するに、「結婚適齢期」とは、生物学的な妊娠・出産適齢期のことを指していたのです。

「24歳ごろまでが結婚の適齢期」と言われていたのは、35歳ごろまでに2人、3人と出産することを考えて逆算すると、そのくらいの年齢で結婚しているほうがいいと考えられていたわけですね。これは妊娠・出産という観点からは理にかなった人生設計プランだったといえます。

ですから、「結婚したい」「子どもを産みたい」と考えている30代は、自身を生物学的に捉えてみる、そういう棚卸しが必要な時期かもしれません。

ちょっと厳しい問いになりますが、次の質問は独身のストレスについて考えるためのものです。

□ 本気で婚活していますか？

数年前に「婚活」という言葉が流行《はや》り、今ではどこでも普通に使われるようになっていますが、実際に結婚紹介所に登録したり、婚活パーティに参加したりして婚活をしている人は意外と少ないんですね。30代女性でも2、3割しかいないといいます。

２０１０年の国勢調査では、35～39歳の独身女性の5年後の結婚率が、その内の10・8％だったという結果が出て話題になったことがありました。こうなると、はっきり言って生涯独身である可能性も出てきます。「できればしたい」「いい相手がいたらしたい」「なかなか相手が見つからない」などと言っていないで、結婚を自分でつかみに行かなくてはいけない。具体的なアクションを起こさなければいけません。

もちろん男性も同じです。男性の場合、一人で生活していくことはストレスが大きいという統計データがあります。既婚者と一人暮らしの独身者で比べると、独身者のほうが、寿命が短いというのです。

また、奥さんに先立たれた男性は、そのあと長生きする比率が少ないというデータもあります。旦那さんに先立たれた女性はわりと長生きするそうですから、孤独というストレスが心身に及ぼす影響は、男性のほうがより強いのかもしれません。

三高、三平、三低

結婚におけるニーズは、社会状況に応じて移り変わってきました。

かつて女性が男性に求める理想の結婚相手は三高（高学歴・高収入・高身長）といわれていましたが、今やそんな条件を掲げている女性はいません。むしろ「三平」「三低」がいい、という時代です。

「三平」とは、「平均的年収」「平凡な外見」「平穏な性格」であること。

「三低」とは、「低姿勢（いばりちらさない）」「低依存（家事を依存しない）」「低リスク（リストラされない安定した職業）」であること。

イケメンでなくても、収入がそんなに多くなくても、安定した職に就いていて温和な性格であることとは、今の婚活市場で自分のウリになるということです。となると、ここでも自分の強みと弱みを棚卸ししておいたほうがよさそうです。

結婚してみたけれど、うまくいかなくて離婚することになったというのは、大きなストレスを感じる不幸なことではありますが、結婚生活というものを経験できたことは収穫だといえます。

たとえば40代、50代までずっと独身の人に対して、何か結婚に向かない理由があるのではないかと詮索する人もいます。しかし、一度結婚し、その後離婚した人に対しては、別れた原因はともかく、一度は人生の伴侶として選ばれた、一度は結婚生活に適応しようとした、ということで若干バイアスは少なくなる。結婚生活におけるストレスを経験したことがあるというだけでも、結婚耐性に対する初心者ではない、幻想を抱いて結婚に臨むのではないということがわかります。

結婚というのは、生活です。家族ではない赤の他人と生活を共にするというチャレンジです。そこにいろいろな幻想を追い求めてしまう人は、ますます婚期が遠ざかります。ここでもあきらめが必要。もちろん、「諦め」ではなく、「明らめ」の姿勢が必要なのです。

「共働き」を上手くやるためには

今は共働きが当たり前です。女性の場合、出産してから仕事に戻りたくても、子どもを預けられる環境が整っていないという問題があります。

子どもを育てるにはお金がかかる。だから仕事は続けたい。しかしどの自治体でも待機児童の問題は、解決にはほど遠く、子どもを預けて働きたくてもそれができない人たちがたくさんいます。

そこで次の質問です。

□ 家族の「形」について考えたことがありますか？

現代の社会状況もあって、結婚してからも、実家の近くに住みたいと考えている人が増えています。子育て経験のあるおばあちゃんのみならず、最近は育児に協力するおじいちゃん「イクジイ」のサポートも心強いようです。

子どもを連れて離婚したシングルマザーも、実家に戻って両親に子どもを見てもらいながら働くことで、父親不在でも子どもに寂しい思いをさせずに子育てと仕事を両立できます。

昔だったら、離婚して実家に帰ったら「出戻り」と言われて肩身が狭かったものですが、今は娘が孫を連れて帰ってきたら、「うれしい」と考える親もいる時代です。もちろん娘の離婚は悲しいことですが、一方孫がいる賑《にぎ》やかな生活は、張り合いが持てて、将来に対しての希望も湧くので、いいことずくめと考えることだってできます。

そして別れた男性のほうも、もう一回結婚をし直して、そちらでも子どもを作ることもあるでしょう。

こうなるともう、離婚したら家庭崩壊だ、不幸だと決めつけることはできなくなります。むしろ、日本社会の少子化を食い止めるための現実対応策の一つになるのではと思えてくるほどです。

絶対に離婚をしない固定的な夫婦像というものが、今はもう維持しにくくなっています。

その古い夫婦像にこだわりを持って、結婚を重く、深刻に考えすぎてしまって二の足を踏んでしまう人もいると思います。しかし、今は再婚、再々婚も大いにあり、家族というものを更新していくという発想で、結婚、出産、子育てを考えてもまったく問題のない時代です。

家族の形に思いを馳《は》せることは、あなたの結婚観を柔軟に変えてくれるきっかけになるはずです。

家庭は「器」だと考えよう

家族の形ということでいえば、昔のほうが柔軟な考え方をしていました。

子どもが多かったこともありますが、養子、養父母も多かった。親戚が預かって育てるケースも多かったですし、他家への養子も少なくないことでした。たとえば、夏目漱石も幼いときに二度養子に出されています。

大家族が当たり前だったので、「一人、二人増えても、まあなんとかなるか。みんなで育てればいい」という柔軟な感覚で子育てが行われていました。

今は子どもの人権も尊重される時代になりましたが、基本的に子どもは「夫婦二人が育てなければいけない」という考え方が主流です。そこによくない緊張感が生まれるのです。

家族、家庭とは、そのときどきの状況に応じて形の変わる入れ物――「器」のようなものだと考えると、家族のあり方にもっと柔軟性が出てきます。

また、子どもを育てることに対して社会がもっと保障を厚くして、たとえば子ども一人につき5万円の生活補助を出す子ども手当があったとしたら、もっと育てやすくなります。それは、今の社会が当然担うべき、必要な経費だと私は考えます。

生める人は3人、4人と生んでいただき、社会がお金を出してみんなでその補助をして、経済的に負担にならないような社会を作っていく。

もちろん、さまざまな事情で子どもを生み育てられない人もいますから、同時に、生まない人にも気持ちの負担にならないような配慮もしなければならない。そういう社会風土を作っていく必要があります。

20代、30代の人たちが、「とてもじゃないけれど、こんな世の中に自分の子どもを送り出したくないよ」と思わなくなるような仕組みづくりが急務です。

３　幸せを更新しよう

金銭感覚が夫婦円満のカギ

結婚生活の実情についてのさまざまな科学的分析をまとめた『夫婦ゲンカで男はなぜ黙るのか』（タラ・パーカー＝ポープ著　古草秀子訳　ＮＨＫ出版）という本があります。

夫婦ゲンカをすると免疫機能が低下するとか、浮気をするのは免疫系の遺伝子のせいだとか、興味深いことが語られている本ですが、そのなかに、お金に対する感覚が一致しているカップルはうまくいく、という調査結果があります。お金を何にどう使うのか、貯金についてどう考えているのか、といった金銭感覚が共有されている関係は円満で長続きするのだそうです。

たしかに、お金の使い方はその人の価値観を浮き彫りにします。

共働き家庭が多くなって、何を負担しあうかを決めて、財布はそれぞれ別という家庭もあるでしょうが、「自分が稼いだお金だから、まずは自分の使いたいことが最優先」という態度を取られたら、本当にこの人と一緒にやっていけるだろうか、と思わずにはいられないでしょう。

お金についての考え方がズレているということは、家族についての捉え方もズレているということになっていきます。

家族とは、原始時代からずっと、人間が生命を維持し、種を保存していくための「基本ユニット」でした。人間の幸福感のかなり多くの部分は、家族に依拠しています。

結婚を機に、普通は価値観が変化します。特に子どもができると、ものの考え方が自ずと変化していきます。もう、自分中心的に生きることはなくなってきます。

なぜかといえば、生まれたての赤ん坊の無垢《むく》で非力な姿に触れ、「この子は自分たちが守り育てていかなくてはならない」という強い責任感が芽生えるからです。変わらずにはいられない。この愛おしい存在を守りたい、そのためには自分を投げ出してもいいと思う。

その責任感の芽生えが、家族を背負っているという意識です。
この「背負っているもの」の存在が、人間の幸福感を増していくのだと思います。

守るもの、背負うもの

となると、守るもの、世話すべきものが何もない状態、何もない人はパワーが出にくいと言えます。

□ 今あなたは、何か背負って生きていますか？

人間は、背負うもの、守るものがあると強くなります。
幼い兄弟でも、お兄ちゃん、お姉ちゃんというのは、弟や妹を自分が守らなくてはいけない状況に立たされると、俄然《がぜん》しっかりします。自分が小さい者、自分より弱い者を守らなくてはという気持ちが沸き立ち、それが気力を奮い立たせて心を強くするのです。

気力というのは、自分の内側だけで循環していると自家中毒を起こしてしまうもので、外に向かうことで、正当なエネルギーの発露になります。

自分には責任を持って守るべきものがある。大事なものを背負っているんだという思いや、その充実がもたらしてくれる幸福感は、自分一人だけで味わう喜びや幸せよりもはるかに大きい。ですから、家族を持つと、自分自身の個人的な欲望よりも家族のことを優先させるようになるのです。

背負うものがある人とない人では、背負うものがある人のほうが強いうえに、幸福感も大きいのです。

家族や仲間に対する責任、社会への使命感というものは、それゆえ不安や困難を乗り越えていく力になるのです。

好きな街、愛着の持てる街に住む

35歳ぐらいになって家庭もできたときに、「そろそろマンションでも買おうか、いや子どものことを考えると戸建てのほうがいいか」といったことを考えるようになります。家は、おそらく自分の人生でいちばん大きな買い物です。決断するには場所、広さ、価格、ローンの組み方、環境、通勤時間、さまざまな逡巡《しゅんじゅん》があるでしょう。

ここでは、住居の問題について考えてみます。

□ 住みたい街はどこですか？

いかがでしょうか。住みたい街について考えたことはありますか？

持ち家の場合も、賃貸の場合も、まずは諸々の条件を考えてから場所を絞っていく考え方と、まず「ここに住みたい」という思いがあって、その街で条件に見合う家を探していく考え方があります。

街は人で作られます。

その街の雰囲気が自分にはとても落ち着く、なじみがいい、ということがあります。

そういう点で言うと、自分と、一緒に暮らす家族が共に「ああ、ここ落ち着けるね」という街を見つけることが大切だと私は考えています。

ＮＨＫに、『世界ふれあい街歩き』という番組があります。この番組に登場する地元の人たちは、どんなさびれたように見える街の人であっても、みんな「この街は最高」「この街がいちばん」と笑顔で言います。ああいう、「自分の街」意識に触れると、人の幸せは物質的豊かさとは別のところにあることをしみじみ感じます。

便利はいいことずくめか？

今の日本は、とにかく便利さの追求が止まりません。

「不便＝暮らしにくい」という大前提で、どんどん便利な街に変えていかなければいけないという強迫観念めいた考え方になっています。その結果、どこにも同じようなショッピングモールが並ぶようになり、古くからの商店街は軒並み閉店してシャッター通りになっています。その街の持つ味わいが、どんどん消えていっているのです。

そういう一見便利な街に変えていかないと、人口が流出してしまうと行政は判断しているのかもしれません。また人々も便利さを享受しているかもしれません。

でも、どこにでもあるもの、どこにでもある風景は「やっぱりこの街がいちばん」

ということにはなり得ないと思うのです。

地方には、不便なところがたくさんあります。たとえば豪雪地帯。屋根の雪下ろしをしないと家がつぶれてしまう。冬の間、雪に埋もれて暮らすのは大変ではないかと客観的には思えます。しかし土地の人たちは、「やっぱりここにいたい」と言う人が多い。不便さにも愛着があり、不便な暮らしを共有している同志もいる。そんな不便さが、アイデンティティの一つになっているのです。その雪の多い中でどう暮らしていくか、その苦労もまた人生の深みです。

東京でも、モダンに洗練されたショッピング街ではない、昔ながらの商店街が残っている下北沢とか三軒茶屋とか高円寺といった街に行くと、地元をこよなく愛している人たちがいて「いかにここが楽しい場所なのか」尽きない話をしてくれます。それは、国内版リアルふれあい街歩きのような雰囲気です。

あるいは、「どうしてもここに住みたい」という一途な思いを持っている人もいます。

東京で生まれ育ったある知人は、沖縄に旅行して以来、沖縄に住みたいと考えるようになり、仕事を探して30歳くらいで移住しました。東京にいたときに比べると収入は大幅ダウン。台風が来るたびに不便な思いもするそうですが、今の暮らしに満足しているといいます。

そういう「ここでずっとやっていこう」と思える心のふるさとのような場所を見つけられると、幸福度がぐっと上がります。

好きな街、愛着の持てる街で暮らすことは、人を幸せにする大事な要素です。

パパとママの会話でリフレッシュ

子どもが幼稚園や小学校に通っている時期は、子どもを媒介にした人のつながりが濃くなり、それだけ地域との密着度が高くなります。

独身よりは夫婦二人のほうが、夫婦二人だけよりは子どもがいたほうが、触れ合える人の幅が広がります。

決め手になるのは、結局は人です。

男性でも、毎日送り迎えして「○○ちゃんのパパ」として認識され、決まった時間に決まったところに子どもを送り届けたり、迎えに行ったりすることに意味がある関係性。それもゆるやかな人間関係のつながりです。

会社に入って10年も経てば、人間関係は仕事中心になってきます。その人間関係の中で交わす言葉やその内容も、仕事に関することばかり。35歳という年齢は、そんな仕事仕事の毎日に飽いてくるころでしょう。

しかし、子どもを媒介にした人のつながりの中では、仕事のことはまったく関係ありません。「今日はお天気がよくてよかった」とか「インフルエンザが心配だ」といったことを話しているうちに、いつの間にか忘れてしまっていた自然なコミュニケーションができるようになっていきます。人との落ち着いた会話のよさを実感できるはずです。

子どもにちなんだ催し物、たとえば、幼稚園・保育園の餅つき大会とか、運動会とか、父親ならではの活躍の場があります。お父さんが出ると子どもはやっぱり喜びます。これもまた親として担う責任です。

あるいは、子どもが野球チームに入ったとする。毎週日曜日、チームの親同士の付き合いが始まる。そこでも新しい人間関係が生まれます。子どもがきっかけでもいいから、そういう新しい人間関係を、仕事以外に作っておくと、自分の心の負担が分散していきます。

その街に「家を持つ」ことによって、愛着が湧いてふるさとのような場所になるわけではないのです。

その街で人と触れ合って交流し、支えられ、安心感や幸せを得ることで、愛着の湧く大切な場所となる。コミュニケーションをとりながら、豊かな時間を過ごす。そこならではの文化になじむ。そして、その文化に自然に染まる。

それが、地元意識が育《はぐく》まれていくということです。

子どもができることで親も育てられるとよくいいますが、単に子育てということだけでなく、人間的な幅のようなものが自然と広げられていくのです。

人生はアップデート

人生において、あれもこれもと選択肢が多彩にありすぎることは、必ずしも幸せなことではありません。特に何かを決断しなくてはならないときは、迷ってしまって決められなくなります。ですから、この章のはじめに書いた「今、これがあると幸せだ」ということを考えて、一つひとつ絞り込んでいきましょう。

一つの決断を下したら、「もしも、別のほうを選んでいたらどうだっただろうか」ということを一切考えないことです。

「自分はこれでいく」と肚を据える。

仕事についても、結婚についても、住まいについても、すべての決断においてです。

35歳の決断の要諦は、ものすごくチャレンジングなことをするというだけではなく、「保守的な決断もある」と理解するところにあります。「これでやっていく」とか「この相手とやっていく」というように、覚悟を定めていくところにある。

繰り返しますが、肚をくくることが、吹っ切るための最大の武器。

「ことによったら成し得たかもしれない人生」をいつまでも夢想するのではなく、現在の自分、ただ今の自分の延長線上で考えるということが大切です。

人間の体には約60兆の細胞があり、速いものは1日で、骨のように時間がかかるもので2年半ほどで入れ替わっているといいます。だいたい3年経つと、自分の細胞はすっかり入れ替わっているわけです。

自分という人間が、ガラリと変わってしまうわけではありませんが、絶えず新陳代謝して新しい自分に生まれ変わっているのです。

35歳からの生き方は、これまで築いてきたものを壊して、新たに一から建て直すように考えるのではありません。細胞がどんどん新しくなっていくように、アップデート(更新)を繰り返し、新しい自分を少しずつ楽しめる余裕が生まれてきたら、しめたものです。

35歳で14歳年下の彼と結婚

ヤマザキマリ（漫画家）

プロフィール／1967年東京都生まれ。17歳でイタリアに渡り、イタリア国立フィレンツェ・アカデミア美術学院で学ぶ。『テルマエ・ロマエ』『スティーブ・ジョブス』などヒット作多数。

『テルマエ・ロマエ』の大ヒットで知られる漫画家のヤマザキマリさん。古代ローマと現代日本の共通項を「風呂好き」な点に見出し、巧みに結びつけてしまったアイデアは秀逸だった。

ヤマザキさんは、人生の半分を海外で暮らしている。これまでに住んだ国は、イタリア、エジプト、シリア、ポルトガル、アメリカ、旅行で訪れた国は30カ国以上。17歳でイタリアに渡り、絵の勉強をしていたが、マンガ家になろうと考えたのは、

27歳でシングルマザーになり、食べていくために手に職をつけようと考えたことだったという。

「これでなきゃ」とか「ここでなければ」という固執がない。自分は絵を描いて放浪する「裸の大将・おんな版」だと言うだけあって、どこでも暮らすし、その環境のなかにすっと溶け込んでいってしまう。状況適応力が実に高いのだ。その柔軟性が福を呼ぶ。

14歳でヨーロッパ一人旅をしたときに知り合ったイタリア人陶芸家のお爺ちゃんと交流を続けるうちに、その孫息子と出会う。14歳年下の彼から熱烈に求婚されて35歳で結婚。彼は大のローマ皇帝オタク、歴史オタクだった。強力な助っ人を得て、あの『テルマエ・ロマエ』の世界が生まれたのだった。

実に行き当たりばったりの人生のように見えるが、知り合った人やその土地その土地で興味を持ったものが脈絡をもってつながって、自分の表現活動に活かされている。

ヤマザキさんの生き方を見ると、自分を枠にはめて考えることがばかばかしくなる。

35歳でフジテレビ退社

菊間千乃（弁護士）

プロフィール／1972年、東京都生まれ。95年にフジテレビにアナウンサーとして入社。アナウンサーとして活動するかたわら、大宮法科大学院大学に入学。07年にフジテレビ退社。10年に新司法試験に合格。著書に『私が弁護士になるまで』（文藝春秋）など。

フジテレビのアナウンサーだった菊間さんが、仕事のかたわら、法科大学院に通いはじめたのは、入社10年後。入社時に提出したキャリアプランに、「10年経ったら、司法試験を受ける」と書いたことを思い出したのがきっかけだったという。雑誌『CREA』（2012年7月号）でこう語っている。

「アナウンサーとしての10年後の自分は思い描けなかったんですが、弁護士なら10年後どころか、その先の働いている姿まで想像できた。会社に残って管理職になって、マンションを買ってという未来より、30代を勉強に費やして、40代からの人生を輝かしく生きていきたい」と考えた。35歳でフジテレビを退社。

「会社を辞めて退路を断っての挑戦といえば聞こえはいいけど、冷静に見れば30代なのに生産性のない人間なんですよ。そう思うと本当につらかった。『仕事は仕事と割り切って、黙ってお給料を貰っていればよかったじゃない』『人生は、かっこつけて無謀なことをしちゃいけないんだ』って、何度も思いました。1日15時間勉強しても未来への不安は拭えず、その恐怖心から眠れなくなることもしょっちゅうでした」

不安と闘いながら猛勉強を続け、2回目の司法試験で合格、司法修習生を経て弁護士になったのは40歳のことだった。

「仕事のストレスの大半が人間関係だと思うのですが、私は〝どこで〟よりも〝誰と〟で働く場所を選んできたので、昔も今もノンストレス。尊敬するボスの下で仕事ができていることが幸せで、少しくらい嫌なことがあっても、それもひっくるめて楽しいと思える毎日です」

第4章

35歳からの心技体の整え方

1　ビジネスマンにとって体力とは何か？

忍び寄る「老い」への不安

いつものように朝、鏡に向かっていると、ふとドキリとする日があります。

「髪、薄くなっていないか？」

□　最近、歳を感じてドキリとしたことがありますか？

この質問で「ない」と答えられる35歳の方は少ないでしょう。

約半年ぶりにはいた夏物スーツのパンツのウエストがきつい。横向きになって鏡にわが姿を映してみれば、わずかながら腹部がぽってりしている。

「ああ、腹にちょっと肉がついた……」

こうなると、あれこれ気になりはじめます。次は自分が加齢臭を発しているのではないかと心配になることもあるでしょう。

「会社の健康診断、いつだったかな」と、これまでは通知が来るまで思い出したこともなかったようなことも考えはじめます。

年齢を感じる顕著な例、それは「徹夜ができなくなってきた」ということに現れます。

以前は一晩くらい徹夜してもまったく平気だったのに、徹夜明けの日がどうもキツい。通常のテンションを維持できないどころか、体調も機嫌もすこぶる悪いことが自覚できる。最初は「最近ちょっとハードだったから疲れているだけだ」と自分に言い聞かせますが、同じことが二度、三度と続き、そして冒頭の「鏡の前のドキリ」現象があると、もうこれは「歳のせいだ」と認めないわけにはいかなくなってきます。

これまで感じたことのなかった自分の肉体的変化。

35歳という年齢は、自分にひたひたと押し寄せはじめた経年変化に初めて意識を向けることになる時期です。

何か一気に自分の人生に陰りが出てきた気がして、気持ちも沈みがちになります。

体力的な転機の訪れです。

さあ、ここからが「スタミナのうまい回し方」を考える時期です。

35歳以上の「体力」とは

若いうちは、体力というと「運動能力の高さ」をイメージします。体力測定でやるような諸々の運動能力。あるいはスポーツで培われた基礎体力のようなものです。

運動神経が発達していて子どものころからスポーツが得意だった、スポーツ系の部活に入っていて、社会人になってからも何かスポーツをやり続けている、こういう人は体力に自信を持っています。

そんな体力に自信のある人に、次の質問を投げかけたいのです。

□　上司を見て、「なんで自分よりタフなんだ」と驚くことはありませんか？

自分は若いし、体力があると自負しているにもかかわらず、ずっと年長である上司のパワフルさ、エネルギー量に当てられることはないでしょうか。

「これはどうなった？」

「あの件は進んでいるか？」

「来週のアポはどうなった？」

「A社のプレゼンの内容はどうだ？」

「新しい予算の件だが……」

と、とにかくいろいろなことを言ってくる。もちろん他の部下にもそうやって逐一細かく具体的な指示を出し、部署全体の動向を見ている。そうかと思えば、ふと「あの本読んだ？　面白いよ」と話題の本の話を振ってくることもある。夜は得意先との酒席を持ち、週末は別の得意先とゴルフに行く。

どこの職場にも、必ずこんなエネルギッシュな上司がいるものです。

35歳にして「歳かな？　ちょっと体力が落ちてきたな」と感じているあなたからすると、「なぜこんなに元気なのか」と不思議になり、「自分は10年後、あんなバイタリティを持って働けているだろうか」と考えてしまうことでしょう。

経営者とは、たいがいそういう力が抜きん出ています。いちばん歳上であるにもかかわらず、社員の誰よりもパワフルに活動している、世の中にはそんな社長がたくさんいます。

社会人として仕事をしていくうえでは、いわゆる運動能力とは別の体力が存在します。

それは、いわば「ビジネス体力」とでも呼ぶべきものです。

「適応」と「馴化」で乗り切ろう

ビジネス体力を考えるうえでキーワードになるのが「経験知」です。

以前例に出した、新人のときはプレゼンの前に緊張して眠れなかったのが、なぜ今は眠れるようになったのかについて考えてみましょう。

それは、経験を繰り返す中で、どう対応したらいいかを熟知するようになったからです。「こういうことが起きたら、こうすればいい」、経験に基づいた知恵が自分を支えてくれていることで、以前より緊張しないでいられるのです。

ただ、経験したことをどれだけ有効に活かせるかは、状況適応力にもよります。

たとえば、Ｊリーグで活躍を続けるサッカー選手が、ヨーロッパのプロリーグに移籍になることがあります。

いきなりフル出場したら、ものすごく疲れてしまいますから、出場時間を徐々に長くして慣らしていきます。環境に「適応」できるよう、「馴化《じゅんか》」させていくわけです。

疲れるといっても、鍛えあげられたプロスポーツ選手ですから、体力がなくて疲れるわけではありません。新しい環境、新しいクラブ、新しいリーグでの経験がないために、自分がどう動き、何をしたらいいかが見えてこない。いろいろなところに意識の糸を張り巡らせないといけないので、エネルギーを費やす。新しい経験をすることは、疲れるのです。

優れた選手は、そういうときの状況適応力に長けています。１カ月の試用期間のうちに、どんどん環境になじんで、パフォーマンス力を発揮できるようになっていきます。

自分のなかに蓄積されているこれまでの経験知を有効活用し、速やかに状況に適応する力がある人は、新しい環境でも早く活躍できる選手になっていける。

もちろん基礎的な体力があるということは大前提ですが、その選手が「できるか、できないか」は、体力だけが決め手になるわけではないということがわかります。

□ 状況適応力が身についていますか？

状況適応力は30代くらいから、だんだんと身についてくる要素です。

20代のうちは、「これ渾身《こんしん》！」といった感じで、常に全力でぶつかっていくのが好ましいわけです。経験もありませんし、的確に状況判断をする思考力もついていない。その代わり、若さという武器がありますから、とにかく体力勝負で、活発に動けることをアピールする要素がまずは大事。

35歳くらいから、次第に経験に基づいた知力を用いて、自分のエネルギーを効率よく回していけるようになっていきます。体力に自信がなくなってくる分を、知性と経験でカバーすることができるようになってきます。

経験という「慣れ」をうまく活用して、体力のロスを減らせるようになるのです。何を優先させたらいいのか、どこにどのくらいの力を配分すればいいのかということも見えてくるので、無駄の少ないエネルギー投入ができるようになる。

簡単に言うと、コストパフォーマンスがよくなります。

そういう仕事の進め方へギアを入れ替えるのが、ちょうど35歳という年齢です。

□今、自分が何のために何をしているかを把握できていますか？

新人のころは、右も左もわからず、ただ指示された仕事をやっています。

自分が今、何の目的のためにこれをやっているか、仕事の完成までの流れの中のどの部分を担当しているか、わからないままやっていることもよくあります。そのため、非常に労力と時間をかけてやったのに、全然使ってもらえなかった。余計なことをやりすぎてしまっただけ、徒労に終わっただけ、とガッカリすることもあったでしょう。

30代になると、さすがにもうそんなことはない。仕事の流れはしっかり把握でき、自己管理もできるようになっているはずです。さらには、部下や後輩に指示を出す立場にもなってきています。

この質問は、周囲が見えているか、先が見えているかを問うものです。これはとても大事なことで、予測できればロスも少ないし、疲れの蓄積も抑えることができる。

私は車酔いをしやすい性質ですが、自分が運転しているときに酔ったことはありません。車酔いというのは、三半規管が「揺れ」という不測の状況に適応できず、自律神経が制御できなくなってしまうことで起きるのですが、自分で運転しているときは、次にどんな動きや揺れが起きるかがあらかじめわかります。体が準備できているから、酔わないのです。

つまり、自分でコントロールできる状況であれば、酔わないし疲れもない。

船酔いもそうです。船を操縦する人が船酔いして困った、仕事にならないという話は聞いたことがありません。今どの方角に向かって走行しているのか先が見えている人、揺れがだいたい予測できる人は酔わない。

酔いやすい体質の人でも、慣れによって酔わなくなるそうです。揺れに翻弄されて無駄にエネルギーを使わなくても済むようになると、疲労感も軽くなります。

この「車酔い」「船酔い」のたとえは、仕事にも応用できると思います。指示待ちで受け身の仕事をしているよりも、指示を自分で出しながら主体的に仕事をしている人のほうが疲れないわけです。

□　仕事を「習慣化」させていますか？

経験に基づいた知恵や、習慣の力を活用して効率性を考えることは、35歳以降の仕事において大きな強みになってきます。

型を決める、やり方・段取りなどを決める、時間を決める、自分でルールをつくって、習慣でやるようにと決めてしまう。あとは習慣の力を利用して同じパターンで続ける。

同じ環境を作り、そこに体をセットするようなイメージです。

たとえば、朝、出社してすぐに時間を決めて、メールをどんどん書く。昼食後必ず、手帳を開いて一週間のスケジュールの流れを確認する。伝票の整理は単純作業なので、頭が疲れた夕方にやる。仕事の終業時前に必ず明日のＴｏＤｏリストを作成しておく——といったようなことです。

このように日々の仕事の中で習慣化できるものを、なんとなくではなく、しっかりとリストアップしてみましょう。いつでもできる単純作業も、このように書き出すことで、日々の仕事の流れの中で捉え直すことができます。

体を習慣の中にセットできると、自動化する部分が多くなってくるので、余計な動きがなくなり、省力化ができます。

これを私は「習慣の束」と呼んでいます。

この習慣の束をどんどん増やす。「体というものは習慣の束なんだ」と考えることです。優れたアスリートはトレーニングによって、高度なワザもさまざまな習慣の束にして、自分のものにしています。

どこの部分を自分は自動化し、習慣化するのか。

仕事量を習慣で分散させていくことによって、疲れを減らすことにつながります。

自分の強みは何かを改めて考えよ

この項では、「ビジネス体力」について考えました。

最後にこのような質問をしてみます。

□ あなたの「強み」になる体力はありますか？

どうでしょうか。

日常、なにげなく「体力が落ちた」「体力がない」と言いますが、こうして考えてみると、仕事における体力というのは、経験をベースにした総合的な力で成り立っていることが理解できたと思います。ビジネス体力とは、経験知に裏付けられた「知的体力」なのです。

あなたの強みは何でしょう。考えてみてください。

35歳ともなれば、「自分はこういう種類のことなら苦にならずにできる」「この方面は任せてもらいたい」という持ち味もあれば、逆に「こういうことについては、ちょっとスタミナがないいんだよな」という部分もわかるはずです。

商品説明であれば、いくらでも話していられる。そんな人は「セールストーク体力」がある。事務仕事が得意なら、「事務体力」です。

いつも忘年会の幹事を任されている人なら、「幹事体力」がある。

お酒に強くて酒席に最後までがっつり付き合っても大丈夫な人は、「対人体力」「酒体力」がある。

自分は何に強みを発揮できるかを考えて、そこを活かす。

積極的に「自分はこれが得意なんだ」と思うことで、疲れが減ってくるのです。

これから仕事のますます充実してくる時期、実り多い時期に差し掛かっていきます。

自分の特性を把握し、経験と知恵を活かして力を出していけるようになると、自分のパワーを増幅していくことができます。

2　「疲れさせない」技術

□ スケジュールの脳内シミュレーション、やっていますか？

無理をせず、しかしスピードを落とさず、本質を見逃さず、周りの人をうまく巻き込んでやっていく。そのためにまず大事なのは、ペース配分の調整です。

35歳で自分のスケジュール帳を持たずに仕事をしている人はいないと思います。手帳やスマホのアプリを使って管理していますよね。

スケジュール帳は、予定を忘れないように書き込むだけでなく、それを見て脳内シミュレーションをしながらペース配分を考えることで機能します。移動の時間などを使って、自分のスケジュールを見渡す時間を設けましょう。

私が使っているのは、一週間のスケジュールが１ページに収まるＮＯＬＴＹ能率手帳ゴールド（日本能率協会マネジメントセンター）です。とにかく私は、日に何度も手帳を見返してはスケジュール確認をします。予定を忘れないためというより、繰り返し繰り返し見ることによって、より効率的に動くための脳内シミュレーションをしているのです。

「これが何時に終わったら、次の予定まで何分ある。予定通りなら徒歩と電車移動で大丈夫だけど、前の予定が押したら、タクシーで動いたほうが安心だな」

「ここで30分時間がとれる。よし、ここは喫茶店で短い原稿を一本書き上げよう」

このようにして、自分の行動の流れ、実際の時間の組み立て方をプランニングするのです。

そうすると、次は何をすればいいのかが常に頭に入っている状態になり、体も準備するようになる。いわば、常にウォーミングアップができている状態になります。

効率的に動けますし、予測できているので疲れを減らすことにもつながります。迷う要素を極力減らすというのは、疲れを軽減させるためのかなり重要なファクターです。

時間は三色に分けて管理する

１日単位、１週間単位、１カ月単位のペース配分を事前に考えておくことで、会食や飲み会の予定の入れ込み方や、友人と会う時間、家族と過ごす時間、自分自身のための時間の組み立て方の調整にも役立ちます。

私は、大事なことを頭に残しやすくして、効率よく仕事や勉強を進める方法として「三色ボールペン活用法」を提唱しています。

赤、青、緑の三色ボールペンを使って、

　赤……すごく大事なこと
青……まあまあ大事なこと
緑……自分が面白いと思うこと

と区別して、本も資料も三色で線を引きながら読もう、というものです。

この三色方式を、ずっとスケジュール管理にも活用してきました。

赤……会議や人と会う約束など時間が確定していて絶対に忘れてはいけないこと
青……その他の仕事や大事な用件

緑……完全にプライベートなこと
と分けています。
この三色で分けられたスケジュールを日に何度も見返すと、全体のバランスも見えてきます。たとえば、来週のピークは何曜日だから、その前にあまり飲み会の予定を入れないほうがいいとか、今週は「緑の時間」がものすごく少ないから、来週はプライベートの時間をもうちょっと入れてリラックスタイムを持とうといった、大きな流れの中で一つひとつのスケジュールを確認することができるわけです。

大切な自分や家族のための「緑の時間」

その中でも、35歳からの自分の時間を有意義に使うために、私は今回「緑の時間」を大事にしようという提案をしたいと思います。

そこで、忙しい35歳には、次の質問を考えていただきます。

□　プライベートの予定もきちんと算段していますか？

友人と会う時間、家族と過ごす時間、読書や自分の勉強のための時間、息抜きや娯楽の時間、自分の緑の時間の使い方を、工夫して算段できていますか。

スケジュールを見ながら、仕事の段取りやペース配分を考えている人は多いと思いますが、自分の時間の使い方については、けっこう成り行き任せではないでしょうか。

ついつい仕事優先にしてしまいがちですが、充実した仕事ライフを送るためには、自分の時間の組み立て方も大事です。仕事だけしていればいいという年齢ではなくなるので、「緑の時間」をうまく確保して組み込んでいく。

週末のこの日は家族と過ごそうとか、ここの3時間は自分の勉強のために使うとか、観たい映画があるのでここの2時間はなんとか空けようというように、いかに「緑の時間」を作っていけるかが自分を豊かにしてくれます。

家族から不満の声が上がったりするのも、「緑の時間」の使い方がバランスを欠いているせいだったりします。仕事上の飲み会の回数を減らして、家で家族と食事する時間を持つとか、このところずっと仕事が忙しくて週末も一緒に過ごす時間がないから、ゴールデンウィークには旅行に行こうといった計画は、かなり意識的に「緑の時間」を持とうとしないとできません。

スケジュール調整での主導権の握り方

同じくスケジューリングについての質問を続けてみましょう。

□ 相手より先に動いていますか？

イニシアチブを取るには、相手から何かを言われる前に、こちらから先に提案することです。同じことでも、先手を打ってしまったほうがストレスが少なく、疲れも少ない。

上司から「あれどうなった？」と聞かれて答えるのと、自分のほうから「例の件ですけど」と報告するのとでは、同じことを説明するのでも心理的な負担がまったく違います。

たとえば、仕事で会って名刺交換をした人には、「今日はありがとうございました。何々の件、早速このように手配しましたので、お知らせしておきます」と、ひとことメールを送っておく。先手を取ってしまうのです。

飲み会の予定なども、「ああ、その日はちょっと……、でもなんとかします」と言って間際になってやっぱりドタキャンするというような流れにしてしまうのでなく、「僕は今週と来週はちょっと難しいんですが、再来週なら時間が取れますので、ぜひ再来週でお願いできませんか？」と水を向けて、スケジュールを調整する。

直近でなく先の予定を入れるということは、相手にとっても失礼なことではありません。

できる人ほど、先の予定が見えている。そういう人間に自分を仕向けていくのです。

無理が利かなくなってきたと感じたら

若いうちは、無理をして一気に負荷をかけてもできてしまうだけのバイタリティがあります。先述したように、徹夜しても堪《こた》えない時期が誰にもあったはずです。

□ 何事も、一気に集中してやろうとしていませんか？

35歳はまだ老け込む年齢ではありませんが、１００キロの物を無理して持ち上げようとするのではなく、50キロを2回にするとか、場合によっては20キロを5回往復するやり方をしていくほうが、ダメージが少ない。

そういう発想に切り替えていくほうが賢いわけです。

自分を過信して無理をしない。これは35歳からの大切な自己調整法です。

基本的に、小分けにする。

コンスタントにやり続ける。

これが安定した仕事をしていく鉄則です。

とにかく、ダメージを最小限にするにはどうすべきかを、仕事への取り組み方の一つの指標とする。これだけで、ずいぶんと消耗を抑えることができます。

今までだったら、６時間かかりそうなものをやるには、「徹夜をすれば朝までに終わるかな」と考えた。そこを２日に分けて３時間ずつやるとか、３日に分けて２時間ずつやる。

疲れた頭であとどのくらいかな、と不安を抱えながらやるよりは、「今日はここまで、続きは明日」と小分けにするほうが、かえって効率がよく、疲れも少ない。一気呵成《かせい》にやりきってしまうのでなく、小分けにしてダメージが残らないようにする。

一つのことにかける時間を減らすことで、逆に一日に多くのことを処理できるというメリットもあります。複眼的にいろいろなものに目を向けていかなくてはいけなくなるので、そういう意味でも小分け主義でいろいろなことをバランスよく進めていくほうが、手際よくできます。

□ 区切りのいいところで、今日のタスクを終えていませんか？

小分けでやるとき、たいがい「区切りがいいところまでやっておこう」としますが、この「区切り」が実はあまりよくありません。

コンスタントに新しいものを生み出す意識を継続させていくには、ちょうど区切りのいいところまでやりきるよりも、「もうちょっとやりたい」というところでやめておく。

そうすることで、翌日すっと続きに取りかかれるのです。仕事に入るスピードが上がるイメージです。

区切りのいいところまでやってしまうと、ふっと一息つく感じがありますね。「ここまでできた」「今日の分はやりきった」と思うと、気持ちがちょっと切れてしまいます。せっかく入ったやる気エンジンのスイッチを、一旦オフにしてしまうことになります。

翌日始めるときに、エンジンが冷えた状態からだと、初動、立ち上がりに意外と時間とエネルギーがかかってしまいます。ですから、やる気エンジンが温まりやすいように、まだちょっと心残りがあるくらいの「余力」を残しておくほうがいいのです。

余力を残すといっても、ここまでやろうと思ったところまでやらないで、仕事を少し残しておくことではありません。むしろ今日の分をやりきった余勢を駆って、明日の分の始まり部分にちょっとだけ手をつけておく。

村上春樹の仕事術

作家のようなクリエイティブな仕事をしている人でも、このようなやり方を守っている人がけっこういます。

村上春樹さんは、よく「日課は毎日10キロ走り、10枚書くこと」とおっしゃっていますが、原稿を書いていて「もっと書ける」と思うときでも時間が来たらやめる、あるいは枚数が来たらやめるそうです。興が乗ってきたときも、あえてそこで筆を擱《お》く。そのほうが次の日、書き始める意欲が高くなる。しかし「次の一行だけは書いておく」そうです。

「今日をどう終わらせるか」だけでなく、「明日どう始めるか」。次の展開を考えることになるわけです。「次はこうしたい」ということを明確にして、たとえば必要なことを箇条書きでメモしておくとか、原稿のようなものだったら次の見出しとか、次の数行分を書きはじめた状態で終わらせるわけです。

この項の最後に、もう一人、作家の仕事術を紹介します。その前に質問です。

□ つながらない時間を持っていますか？

いつでもどこでも、タップしたりクリックしたりするだけで、いろいろな情報を得ることができるのは本当に便利です。しかしそのおかげで私たちは、いつでも連絡が取れる、いつでも外界とつながっている状態にあります。

それは、意識が拡散しやすく、今やるべきことに集中しにくい状況でもあります。ときには、自分の判断で外界との接触を断ち切って集中する、没頭する時間も必要です。

スティーヴン・キングは、「1日10ページ、2000語書く」という目標を決めて毎朝書斎のドアを閉じると、目標に達するまでドアは開けないそうです。必要なのは、「ドアを閉める決意」だと書いています。

　ドアは外の世界を締めだすと同時に、あなたをそこに閉じこめて、仕事に集中させてくれる。

　なるべくなら仕事場に電話はないほうがいい。暇つぶしのためにテレビやテレビゲームを置くなどは論外だ。窓があるなら、カーテンを引くか、ブラインドを降ろすかする。気が散るものはすべて取り除いたほうがいい。

（スティーヴン・キング『書くことについて』田村義進訳　小学館文庫）

スティーヴン・キングが、書斎にこもって物理的に外界からの雑音をシャットアウトして集中を図るように、「これを何時までにやる」と決めて、その時間内は外の世界とのやりとりを隔絶し、やるべきことに集中する。そういう時間を持つようにすることが、集中力を高めて効率よく、メリハリのついた仕事をしていくために大切です。

3　ビジネスは「対人体力」で決まる

コミュニケーション能力低下の時代に効く力

ビジネス体力の中でも、あると強いものの筆頭が「対人体力」です。人によって酒量に差があるように、対人体力にも差があります。

人と接する時間が長いとすごく疲労を感じる人は、その人自身の体力とは別に、対人体力が低いのです。しなくてもいい過緊張をしてしまうわけです。

世代を問わず、全体的にみんなコミュニケーション力が落ちてきている今の時代、自分は人付き合いには自信があるという人は、ものすごい強みになります。

たとえば、「連日、仕事関係の人との会食や飲み会が続いても平気」「休日の接待ゴルフも嫌いじゃない」という人は、酒に強い、ゴルフ好きという要素もあるでしょうが、やはり対人体力のタフさがあるのです。酒席やゴルフは、純粋な仕事の部分ではなく、プラスアルファの部分でのお付き合いですが、長い時間を共有することで、親近感がわき、信頼を得ることができる、関係性に深みが出せる部分もあります。

あるいは、やたらと年輩の人からの受けがよくて、上の人の懐にするりと入ってしまえる人がいます。ずっと「駄目だ、駄目だ」の一点張りだったのに、その人が話に行くと、一転OKになる。その対人体力の高さで、組織にとってなくてはならない存在になっていきます。

対人体力は人それぞれ、かなり差がある部分ですが、何かしらの形で持っているほうが絶対に有利です。自分の得意なことをきっかけに、対人体力をつけていく努力をすることをおすすめします。

必要なものがあって、ある家電量販店に行ったときのことです。売り場に行くと「○○の達人」というタスキをかけた店員さんがすっと近づいてきて、実に懇切丁寧に商品説明をしてくれました。セールス力があるとか、コミュニケーション力があるということだけではなく、その人は本当に家電に詳しかったのです。結局、彼のアドバイスによって満足いくものが買えました。

自分の好きなこと、得意分野の話であれば、コミュニケーション能力といったことをあまり意識しないで、人と接することができます。それによって、自分を慣らすこともできます。自分にとって、それはどういう場があるか、ぜひ考えてみてください。

□飲み会が苦手になっていませんか？

一緒に酒を酌《く》みかわすことが、今は昔ほど楽しいことではないのでしょう。飲み会が苦手だという人が増えています。

昔の大学生はお金がないながらも仲間と飲めることが楽しくて、学生時代に自分の酒量を知り、酒の失敗・失態もやり、そのうえで就職していたので、仕事の付き合いの飲み会というものにそれほど抵抗がありませんでした。しかし今は、お酒の飲めない人や、酒を飲んで騒ぐという場の好きでない人は、学生時代のお酒の場での経験が少ない傾向にあります。場慣れしていないのです。

35歳は、お酒が翌日に残るようになる年齢でもあります。それによって、少しずつ飲み会が億劫《おっくう》になりはじめる時期でもあります。

体質的にお酒が一滴も飲めないけれど、ウーロン茶で酔った人たちと同じテンションになれるという状況適応力の高い人もいて、それはそれで抜群の酒席の対人体力と言えましょう。

大人の体力は「慣れ」の部分が多いものなので、できれば酒席を修行道場と思って場数を踏んだほうがいいと思います。その経験によって、無理しない付き合い方を自分で見きわめていくのです。

すべて断る、一切行きませんとなると、協調性に欠け、社会性が足りないと見なされ、周囲と人間関係をうまく作るのが難しくなります。自分のなかで、ベースラインを決めるのです。

どのぐらいの頻度だと無理なく過ごせるか。たとえば、毎回は付き合えないけれど、大勢が顔をそろえるときには欠かさず参加するとか、週1回は付き合うとか、とりあえず最初は必ず顔を出すけれど、長時間ぐだぐだと過ごすのは疲れるから一足先に引き揚げるとか、「付き合い方」を自分でコントロールをするのです。それによって、人間関係を壊さないように注意していきます。

とことん付き合うことはできなくても、「とにかくいつも顔は出すよね」という認識が周囲にできてしまえばしめたものです。こういうのも、一つの要所の押さえ方。「自分は対人体力がちょっと低い」、もしくは「落ちてきた」と考えた場合には、モードを切り替えて付き合っていくようにする。

自分の「酒体力」自体もきちんと知っておきたいもの。自分の酒量を知っておくことは、大人の大事なポイントです。酒量というのは毎日飲んでいると増え、アルコールに強くなります。しかし、歳を取るにつれてその力量も落ち始めます。みんなが飲んでいる脇で「寝落ち」している人、よくいますね。

無理のない酒量はどのくらいなのか。自分が悪酔いしないお酒の種類は何なのか、どういう飲み方をしたら、翌日の仕事に支障をきたさずに済むのか、最近強くなったのか、弱くなったのか。きちんと把握しておいて、楽しく賢い飲み方をしたいものです。

相手の実家に入り込もう

対人体力が求められるのは、仕事上の関係だけではありません。奥さんの実家、旦那さんの実家との人間関係、その周辺の親戚付き合い、あるいは子どものつながりのママ友、パパ友、先生たち。

そういう新しい人間関係が、35歳からの人生には増えてきます。

□身近な世間と上手に付き合っていますか?

この項の最後の質問です。よんどころなく付き合わざるを得ない関係を、煩わしいこと、ストレスと思って避けてしまうのではなく、どの道付き合っていかなければいけないものだという気持ちで肚をくくりましょう。

ママ友、パパ友、先生というのは、子どもが一緒のところに通っているときだけのつながりです。特別親しくならなければ数年だけのお付き合い、しかしすごく仲良くなって、子どもたちが大きくなってそれぞれ別の学校に通うようになっても、家族ぐるみで付き合う友人に発展することがあります。

仕事の関係のような緊張をはらんだ関係ではなく、親子ともどもリラックスできる付き合いがあることは、気持ちに余裕を与えてくれます。

一方、配偶者の実家というのは、離婚しない限りは一生付き合っていく関係です。会社関係よりも長くて、深い関係性。年老いたら、介護のことも考えなければならない相手です。

最も身近な「世間」と思って、上手に付き合いたいものです。つかず離れずの良好な付き合い方ができれば、もしものときの離婚の可能性も低くなるかもしれません。

4　知的好奇心にブレーキをかけない

知的刺激を持ち続ける

さまざまな体力のなかで、35歳以降、最も伸びが期待できるのが「知的体力」だと思います。これまで経験してきたことのうえに、さらに新しい知的興味が加わって、自分というものをどんどん拡げていくことができる。奥行も持たせられる。

人間は何歳になっても、知的好奇心を持って脱皮し続けていることが大事です。外部からの刺激を取り入れながら、新陳代謝を繰り返しながら生きていくのです。

歳を重ねても、ますます新しいものに対しての好奇心を持ち続けていられる人と、次第に面倒くさくなり興味のアンテナを倒してしまう人がいます。

後者は、仕事に対しても、与えられたことだけやればいいと思い、努力や工夫をしなくなる。緊張感をなくしてただ無為に作業をやっている人は、いくらでも替えがききますから、組織からは「いらない人」と見なされてしまいます。

何かに対して興味、好奇心が持てないと、人は閉じていきます。

知的好奇心を失った時点から、老け込んでいく。年寄りくさくなります。

35歳でも意外に閉じている人がいます。外見的にはまだ若くても、頭が固いという印象の人です。固着している。ディフェンシブになりすぎて、動けなくなって、他の人の負担を増やしてしまいます。こういう人は自分が停滞していくだけでなく、組織の活力にもブレーキをかけてしまいます。お荷物になっていくのです。

知的な好奇心、仕事上の刺激、あなたはこれからも持ち続けていけますか？

このことを改めて考える上で、次の質問に入ります。

□休みがあったら寝ていたいですか？

疲れを取るには、純粋に休む、休息するという面と、抱えているものをリフレッシュする意味があります。

リラクゼーションは、詰まるところ「寝る」ということ。睡眠を取る。疲れたら寝る。まずこれが第一にやらなければいけないことです。

もう一方で、自分が楽になるための何かをするというのがあります。遊んだり、お酒を飲んだり、癒されたりというような発散の仕方の他に、刺激を受けることでむしろエネルギーをチャージする、元気になって明るい気持ちになる効果があります。

休むだけではなく、刺激を受けること自体が、ある意味、精神のリフレッシュになるのです。

本を買うことを我慢しない

知的好奇心とは、何かを吸収したいという意欲を持てているかどうかです。

知的体力は、若いころの差よりも、むしろ35歳以降をどう過ごしていくかでどんどん差が開いていく部分なのです。

その指標になるのが、まず読書量。それから何かを習う、学ぶこと。

知的なバックグラウンドを作って、刺激を受けていることによって、その人がいきいきしているかどうかは、その人の輝きに直結していきます。

□身銭を切る自己投資をしていますか？

今は紙の本を読む以外にも、知的刺激を受ける手だてがいろいろあります。無料でも得られること、学べることがあります。

しかし、人間というのは一般に「身銭を切る」感覚がないと、なかなか本気で学ぼうとしないのではないかと思います。興味を持ち、あるいは必要を感じて、自分でお金を払って、自分の体で習得する。そういった積極的な、あるいは身体的な学びにこそ意味があるのです。

「これさえあれば幸せ」というものの話をしましたが、私は、「本さえあれば幸せだ」というタイプです。本に費やす費用はケチらない、買おうかどうしようかということは迷わない、と大学時代に決めました。

目に止まったら、それはその本との出合いだと思って、買う。大学生のときは本にお金を惜しまないよう、「書籍代は月２万円」と決めていました。古本屋をチェックしていると、そこそこの量が買えます。「買いたいけど我慢しよう」ということにはまずなりませんでした。

本は自分への投資と考えてきたのです。

自分へ投資し続けることをやめてしまうと、人間、頭打ちになってしまいます。ある時期、本を買う速度が落ちたときがありました。あとから考えると、その時期は停滞期でした。知的好奇心がパワーダウンしていたんですね。資産をすり減らしていた時期だったと感じました。

本を買わなくなるということは、読書の時間が減る。物理的には、その分、原稿を書いたりするアウトプットの時間が増えるはずなのですが、パワーが落ちているときは、アウトプットのペースも高くならない。要するに停滞してしまうのです。知識のインプットとアウトプットというのは、バランスが取れているのだなと感じました。

投資とは、お金を貯めること、殖やすことだけではありません。

無形の財産を殖やす、これは人間が生きることの一つの意味でもあるように思います。

□　聞く耳を持たなくなっていませんか？

変わること、変化を受け入れることを拒み、時を止めて生きている人がいます。意外と若い人に多いものです。

「だまされたと思って、一度試しにやってみるといいよ」とアドバイスしても、「いえ、いいです。そういうのには興味ありませんから」と頑《かたく》なな返事が返ってきて、ああもっと肩肘張らずに受け入れてみたほうが楽しいのに、と思います。

若いときのほうが、新しいものを取り入れることに臆病になるところもあるのです。それは、何かを否定することで自分を確立しようとして焦っている時期だから。他のものを受け入れることは、自分が信じているものを否定することになるような思い込みがあるわけですね。もう「これでなきゃ」と妄信して、他のものを拒絶、シャットアウトしてしまうのです。

けれども、「これしかない」というようなことは、生きている上でほとんどありません。

仕事にしても、結婚相手にしても、最適、最良と感じられる出会いはもちろんありますが、「この仕事しかない」「この人しかない」ということはありません。運命が違っていれば、違う人生もあったはずです。

刺激を求め、変化を楽しむ気持ちを持ち続けるということは、受容するということです。

新しいものを拒まない。何かを新しく受け入れて「これもいいし、あれもいい。またこっちにはこっちのよさがある」という考え方ができるようになっていく。それが人生を豊かにしていくということです。

受容性を拡げることとは、脱皮して、ステージを変えること。新しくすることでまた違う自分になっていくことなのです。その都度、ちょっとずつ形を変えても、環境に適応していける生きものが、世界でいちばん強いと言えるのではないでしょうか。

5　35歳で「真の花」を咲かせよう

35歳を節目の年にする

私が「35歳の棚卸し」を提案する背景には、「35歳を第二の成人式と考え、ここで本当に大人へと脱皮しましょう」という思いがあります。

20歳で成人式を迎えても、大学生はまだ学生生活が残っていますし、意識としては、まったく大人になれていません。

社会に出て、仕事に就き、辞めたくなって転職したり、踏みとどまったりする。恋人ができたり、別れたりする。結婚して子どもができたり、それでも別れたりする。親が病気になったり、亡くなったりする。

おそらく20歳から35歳までの間には、さまざまなことが起こります。そういう経験を経て、大人とはどういうものなのかを実感として知る。その上で、ここまでの人生を振り返って棚卸しをし、改めて大人としての自覚を持ち直して、これからの人生を生きていく。

35歳を、そういう節目の歳にしてほしいのです。

日本には、七五三、成人式、還暦など、人生の節目を祝う儀式や儀礼、行事がありますが、「厄年」というのもあります。簡単にいえば、人生にいろいろ災いが巡ってきやすい年齢だから、気をつけようという考え方です。

では、悪いことが起きることを怖れていたかというと、むしろこれを「年祝い」と考え、そこでケガレを落としてさっぱりしたことを祝おうという意味合いもありました。民俗学者の柳田国男は、厄年とは、神事に奉仕する「役」が回ってくる歳のことだったという説を唱えているくらいです。

厄年は男女で年齢が違い、地方によっても考え方が異なります。今ひとつ現代にフィットしにくい部分もあります。むしろ今の時代らしさでいえば、35歳を第二の成人式と考えて、この節目の年齢を大いに祝うようにしていくといいのではないでしょうか。そうすることで、成熟へのステップが上がりやすくなると思います。

スタミナを過信するな

私は、40代半ばで病気をしました。自分のスタミナを過信して無理をしすぎてしまったのです。

30代後半、『子どもたちはなぜキレるのか』（ちくま新書）や『身体感覚を取り戻す』（ＮＨＫブックス）で、ようやく世の中の人たちに読んでもらえる本を出せるようになり、『声に出して読みたい日本語』（草思社）でヒットが出せたのが41歳のころです。もっと書きたいことがある、もっと伝えたいことがあるという高揚感があったものですから、無理してスケジュールを詰め込み、睡眠時間を削って働いていました。

そのツケが、突然の病気という形で現れてしまったのです。

だから、最後は次の問いを皆さんに考えてほしいと思います。

□ 自分の健康を支えるための「習慣」を持っていますか？

病気になると、人は健康の大切さを悟ります。

人生の重みも感じます。

病気になったら医者にかかるわけですが、医者に頼らなくてはどうにもならないような状況に陥らないように、自分の健康管理に気をつける。健康管理は、自己管理の大切な要です。自分の体は自分で積極的に整えましょう。

検査で出てくる数値を非常に気にかける人もいますが、数値は一つの目安ではありますが、やはり体の状態は、体に現れる変化や自覚症状でつかむことが大事です。

・睡眠をきちんと取れているか
・体にいいものを食べているか
・血行はいいか
・腸の働きはいいか
・肝臓に優しくしているか
・自律神経を整えているか

こういったところに気をつけながら、自分の健康を維持するための習慣を持つといいですね。

私は、運動、健康食品、サプリメントなどの情報について、本で読んだり人に奨められたりして興味を持ったら、すぐに試してみます。やってみると、なかには「どうなんだろう、あまり効果が感じられない」と思うものもあります。自分の体の声に耳を澄ませながら、「これ、効くぞ」と思えることを習慣にして続けています。

それが自分の健康への自信の後ろ盾になってくれる面もあります。ちょっと疲れ気味かなと思うときでも、「毎日これをやっているから、大丈夫」という自信につながるわけです。

いろいろなものの中から、自分に合うものを見つけて、「自分はこれと共に生きていく」という健康習慣をいくつか持つ。そうやって自分に合う健康法を確立していきます。

家族のＤＮＡを知る

自分のＤＮＡを知ることも重要だと思います。

たとえば、「父親ががんで死んだ」「お祖母さんもがんだった」ということがあると、

「うちはがん家系ではないだろうか」と心配になることがあります。がんは遺伝だけでなるものではありませんが、がんになりやすい遺伝子を持っているから、日ごろから気をつけようと、より意識を高めにすることができるのです。あるいは、糖尿病になりやすい遺伝子を持っているから注意しようといった具合に、遺伝の因子を意識して、不安要素をチェックしましょう。

病気の早期発見につながりますから、不安を安心に変えていくこともできます。

世阿弥も35歳について考えていた

私は「祝祭」という言葉が好きです。

お祭りというのは、いろいろな人のエネルギーが集まって盛り上がります。エネルギーが場にドーンと出ていって、他の人のエネルギーと混じり合って、その場全体が盛り上がる。みんな高揚し、楽しんでいる。

人と関わり、エネルギーの高まりを感じ、高揚感を覚える、そんな時間を数多く持てれば、きっとその人の人生は幸福です。

35歳からの人生を、祝祭的高揚感のなかで充実して迎えてほしいと強く思います。世阿弥は『花伝書（風姿花伝）』で、35歳は人生を振り返って、今後どうしていくのかを悟るべき年齢だと言っています。

上《あが》るは三十四五までのころ、下《さが》るは四十以来なり。かへすがへす、このころ天下の許されを得ずば、能を究めたるとは思ふべからず。ここにてなほつつしむべし。このころは、過ぎし方をもおぼえ、また、行く先のてだてをもおぼゆる時分なり。このころ究めずば、こののち天下の許されを得んこと、かへすがえすかたかるべし。

〈上達するのは三十四五までの頃、下り坂になるのは四十を越してからということだ。くれぐれも、三十の半ばに天下に認められなかったならば、能を究めたと考えてはならぬ。しかしこの時期に天下に認められたとしても、ここでなお一層気を付けなければいけない。この時期は、過去に自分がやって来たことをよく自覚し、また将来どうやって行ったらよいか、そのやり方などをもさとる時期である。もしこの頃真の花を究めなかったならば、この後天下に名人として認められるということは、まず難しいであろう。〉

（世阿弥編『花伝書（風姿花伝）』川瀬一馬現代語訳　講談社文庫）

世阿弥は一人の芸能者として、若いころから注目され「時分の花」に輝いていた人です。

それだけに、若さが失われ、能役者としての花が衰えていくことへの不安を抱えていました。

しかし、一方では、父親の観阿弥の晩年の芸を見て、「老い木の花のように、そこにいるだけで素晴らしい、これぞ幽玄であると感じた」とも言っています。

「これ真《まこと》に得たりし花なるがゆゑに、能は、枝葉もすくなく、老木《おいき》になるまで、花は散らで残りしなり」

いずれ老いを受け入れていくのが人生です。老木となっても花を咲かせていられるのは、どういう人生でしょうか。

私は、地位や名誉にこだわりを持ち、固執し続ける生き方ではないと思います。自分が納得できる仕事をし、充実した人生を生ききってきたといえる生き方をすることこそが大事だと思います。

そのために35歳でやるべきは、今現在を人生の祝祭として寿《ことほ》ぎ、「棚卸し」をして自分の商品価値を確認し、35歳からの人生を充実させていくことを考えることです。

人生の祝祭感覚を身につけた人は、常に自分が迎えた年齢を楽しんでいけるはずです。

それが世阿弥の言う、「時分の花」ではなく、「真の花」を咲かせるということではないでしょうか。

あなたの人生を祝祭にしていくのは、あなた自身なのです。

おわりに——なぜ35歳なのか。

今、世の中は激しいスピードで変化しています。35歳はこの荒波を生きています。年功序列、終身雇用が当り前でなくなり、先々の人生の予定が立てにくくなっています。

ストレスも増えています。パソコンの導入によって一人当りのこなす仕事量は格段に増え、スピードも要求されています。

そんな生きづらい世の中でもがんばっている30代の方々への応援メッセージとして、この本を書きました。

少々厳しい言い方をした所もありますが、私は今の30代の方たちは現実を受け止め苦闘していると思っています。

私が大学で教えた卒業生の多くは30代です。彼らがどんな問題を抱えているか、そしてどんな時に充実感を得ているかを時々聞いています。

本書の中で非婚・晩婚化についての記述が多くなっていますが、これは私が日本の諸問題の根っこにあるのが少子化問題だと考え、日々心配しているためです。「独身のまま生きて行こう」と考えている方には、大きなお世話ではありますが、少子化の危険に対して警鐘を鳴らす狙いもあってのことですので、ご理解いただければと思います。

私のもとには、卒業生たちから近況報告が来ますが、多いのは結婚と子どもの誕生です。幸せ感があふれ出た文面をよむと、家族を新しく持つ興奮はすばらしいものだと感じます。仕事へのやりがいも出たと言います。そんな報告を受けていることもあり、「大きなお世話」を焼いてみました。

人生の先行きは読めません。計算は必要ですが、時に勇気も必要です。どこかでフンギリをつけて、前に進む。

そんな勇気が湧くような本にしたいと思って本作りをしました。

この本作りに当っては、阿部久美子さんと光文社の古谷俊勝さんと樋口健さんに大きな御助力を頂きました。チェック項目の作成をはじめとして、四人でディスカッションするプロセスでいろいろなアイディアが生まれました。チームワークで作った本です。

とりわけ担当の樋口さんは御自身が35歳を迎えるということで、この企画を自分のこととしてリアルに考えてくれました。樋口さん自身がこの一年で婚約、結婚、お子さんの誕生を経験したということで、この本のメッセージが切実だと言ってくれて安心しました。

現代は、「いつまでも自分は若い」という若さの幻想が気づかないうちに自分の中に入ってきています。そのため「先送り思考」がクセになりがちです。

この本が先送りに歯止めをかけ、「心の棚卸し」と次への行動に役立てばうれしく思います。

フンギリをつけて、元気にやっていきましょう！

二〇一四年五月二十三日

齋藤　孝

齋藤孝（さいとうたかし）
1960年静岡県生まれ。東京大学法学部卒業。同大学院教育学研究科博士課程等を経て、現在、明治大学文学部教授。専門は教育学、身体論、コミュニケーション論。著書に『座右のゲーテ』『座右の諭吉』『座右のニーチェ』『「意識の量」を増やせ！』『「対面力」をつけろ！』（以上、光文社新書）、『声に出して読みたい日本語』（草思社文庫）、『雑談力が上がる話し方』（ダイヤモンド社）、訳書に『現代語訳　論語』『現代語訳　学問のすすめ』（以上、ちくま新書）など多数。TBS系の朝の情報番組「あさチャン！」のMCも務めている。

35歳《さい》のチェックリスト

2014年6月20日初版1刷発行
2014年7月10日　2刷発行

著　者 ── 齋藤　孝
発行者 ── 駒井　稔
装　幀 ── アラン・チャン
印刷所 ── 堀内印刷
製本所 ── ナショナル製本
発行所 ── 株式会社光文社
東京都文京区音羽1-16-6（〒112-8011）
http://www.kobunsha.com/
電　話 ── 編集部03（5395）8289　書籍販売部03（5395）8116
業務部03（5395）8125
メール ── sinsyo@kobunsha.com

落丁本・乱丁本は業務部へご連絡くだされば、お取替えいたします。
 ISBN 978-4-334-03803-8

678
背すじは伸ばすな!
姿勢・健康・美容の常識を覆す
山下久明
腰痛、肩こり、イビキにメタボ……。これらはみな「背すじ伸ばし」が原因だった!? 人類史と人体構造の考察を通して、美容と健康を維持する〝姿勢のカギ〟を導き出す。
978-4-334-03781-9

679
出世したけりゃ 会計・財務は一緒に学べ!
西山茂
会社の数字とは接点がなかった現場社員が、経営幹部になるために最低限必要な会計と財務のポイントを解説。2分野のキモを一緒に押さえれば、誰でもトップ経営者になれる!
978-4-334-03782-6

680
なぜ僕は「炎上」を恐れないのか
年500万円稼ぐプロブロガーの仕事術
イケダハヤト
他人との衝突を恐れて、言いたいことを言えない人生はもったいない。年500万円を売り上げるプロブロガーが「炎上」をキーワードに、ストレスフリーな新しい生き方を指南。
978-4-334-03783-3

681
高学歴女子の貧困
女子は学歴で「幸せ」になれるか?
大理奈穂子
栗田隆子
大野左紀子
水月昭道監修
女子を貧困に追いやる社会構造のなかで、教育、キャリア、結婚、子育てをどう考えればいいのか? 当事者が自らの境遇と客観的なデータをもとにその実態を明らかにする。
978-4-334-03784-0

682
迫りくる「息子介護」の時代
28人の現場から
平山亮
解説 上野千鶴子
嫁でも娘でも妻でもなく「息子が親の介護」という異常事態!?を機に表出する、男社会の息苦しさ、男社会のあるあるとは。男性介護者の思いを丁寧に描き出す、もう一つの「男性学」。
978-4-334-03785-7

683
なぜ、あなたの薬は効かないのか？
薬剤師しか知らない薬の真実
深井良祐

日々の生活と切っても切れない関係にある薬。しかし、私たちは薬の基本的な性質を知っているでしょうか？「自分の健康は自分で守る時代」に必要な考え方を、この一冊で学ぶ。

978-4-334-03786-4

684
弁護士が教える
分かりやすい「所得税法」の授業
木山泰嗣

給与所得や源泉徴収など身近でありながら、実にややこしいのが所得税法。本書は、初学者から実務者までを対象に、所得税法の基本ポイントをわかりやすく解説する。

978-4-334-03787-1

685
ヤクザ式　相手を制す最強の「怒り方」
向谷匡史

怒りは、ぶちまけても抑えすぎても害をもたらす〝負の感情〟。それを無敵の武器に変え、交渉を制する技術をヤクザから盗め！　取材経験の豊富な著者が「怒りの極意」を伝授。

978-4-334-03788-8

686
生殖医療はヒトを幸せにするのか
生命倫理から考える
小林亜津子

生みどきが来るまで「卵子凍結」、遺伝子解析技術で「生み分け」、提供精子でみずから「シングルマザー」に……。さまざまな生殖医療技術が人間観、家族観に与える影響とは何か。

978-4-334-03789-5

687
日本の居酒屋文化
赤提灯の魅力を探る
マイク・モラスキー

人は何を求め、居酒屋に足を運ぶのか？　40年近い居酒屋経験を誇る著者が、北海道から沖縄まで、角打ちから割烹まで具体的なお店（120軒）を紹介しながら、その秘密に迫る。

978-4-334-03790-1

光文社新書

688
がんに不安を感じたら読む本
本荘そのこ
中村清吾 監修

がん治療は、患者ひとりひとりにあったオーダーメード医療といわれる時代に突入している。2人に1人は生涯にがんに罹患するいま、大切な心がまえとは何か。そのヒントを示す。

978-4-334-03791-8

689
プロ野球の名脇役
二宮清純

大記録の陰に名脇役あり。エースや4番の活躍だけが野球じゃない！ 長年野球を見てきたジャーナリストが、脇役たちの物語に光を当て、プロ野球のもう一つの楽しみ方を伝授！

978-4-334-03792-5

690
違和感から始まる社会学
日常性のフィールドワークへの招待
好井裕明

日常の小さな亀裂から問題を発見し、読み解く力とセンスとは？ 思いこみ、決めつけの知に囚われている自分自身を振り返り、日常を〝異なるもの〟として見直す。

978-4-334-03793-2

691
ホテルに騙されるな！
プロが教える絶対失敗しない選び方
瀧澤信秋

どうすれば安く、賢く泊まれるのか？ 年間200泊を超えるホテル評論家が、一般利用者でもすぐに使える知識を徹底指南。あくまでも〝宿泊者目線〟を貫いた画期的な一冊。

978-4-334-03794-9

692
テキヤはどこからやってくるのか？
露店商いの近現代を辿る
厚 香苗

「陽のあたる場所から、ちょっと引っ込んでいるような社会的ポジション」を保ってきた日本の露店商。彼らはどのように生き、商売をしているのか——。その仕事と伝承を考察。

978-4-334-03795-6

693

10日もあれば世界一周

吉田友和

「世界一周航空券」の登場により、夢のような旅だった世界一周がどんどんお手軽になっていく。どの国を、どんな順番で回るか。仕事を辞めず、短い休みで実現する方法を教える。

978-4-334-03796-3

694

なぜ、あの人の話に耳を傾けてしまうのか？

「公的言語」トレーニング

東 照二

性格を変える必要はなく、ベラベラと話す必要もなく、「外向的」である必要もない。大事なのは「聞き手」中心の話し方。これから必要な「コミュニケーション能力」を考える。

978-4-334-03797-0

695

メディアの苦悩

28人の証言

長澤秀行編著

「マスゴミ」「オワコン」と言われる新聞・テレビと、炎上などの社会問題を引き起こすネットメディア。苦悩を続けるトップたちにこれからの「メディアの役割」をインタビュー。

978-4-334-03798-7

696

警視庁捜査一課長の「人を見抜く」極意

久保正行

第62代警視庁捜査第一課長は、41年間にわたる警察官生活の中で、どのようにして犯人のウソを見抜き、群衆の中から不審者を発見してきたか？ プロならではの視点が満載。

978-4-334-03799-4

697

文章ベタな人のための論文・レポートの授業

古郡廷治

文章で伝える力は、学生だけでなく多くの社会人にとって必要不可欠。その基本はすべて論文・レポートの作法にある。学生が書いた豊富な文例をもとに、一生モノの文章力を養う。

978-4-334-03800-7

光文社新書

698
知性を磨く
「スーパージェネラリスト」の時代
田坂広志

なぜ、高学歴の人物が、深い知性を感じさせないのか？　なぜ、博識が、知性とは関係ないのか？　目の前の現実を変革する「知の力」＝「知性」を磨くための田坂流知性論。

978-4-334-03801-4

699
若者は本当にお金がないのか？
統計データが語る意外な真実
久我尚子

「クルマ離れ」「高級ブランド品離れ」「海外旅行離れ」は本当か？　統計のプロフェッショナルによる画期的な現代若者論。統計の入門書、若者に関するデータ集としても最適な一冊。

978-4-334-03802-1

700
35歳のチェックリスト
齋藤孝

35歳の今を見つめ直すことで、50歳までの15年間を人生の収穫期にできる。仕事、結婚、お金、恋愛……今まで先延ばしにしてきた諸問題に、齋藤孝先生がスパッとアドバイス。

978-4-334-03803-8

701
現代アート経済学
宮津大輔

アートは経済や政治と密接に関係している——。20年間、現代アートのコレクターとして活動してきた著者が、豊富なデータや証言から「現在進行形・アートの見方」を示す。

978-4-334-03805-2

702
頭が良くなる文化人類学
「人・社会・自分」——人類最大の謎を探検する
斗鬼正一

人類最大の謎は、実は最も身近に存在する「人・社会・自分」だ。文化人類学的視点から、その裏にひそむ「仕掛け」を明らかにすれば、世界観が変わる、確実に頭が良くなる！

978-4-334-03806-9